ДЖЕН ФИШ

ДЖЕН ФИШ

ПРОСТЫЕ КЕТОРЕЦЕПТЫ

из пяти ингредиентов

Книга рецептов

Низкоуглеводные
богатые жиром рецепты
для занятых людей
на кетодиете

ВРЕМЕНА

Издательство АСТ
Москва

УДК 641
ББК 36.991
Ф68

Фиш, Джен

Ф68 Простые кеторецепты из пяти ингредиентов / Фиш Д.; пер. с англ. А. Фасхутдинова. – Москва: Издательство АСТ, 2021. – 192 с.: [ил.]. – (Здоровье Рунета).

ISBN 978-5-17-122303-8.

Успех кето-диеты достигается за счет следования принципам низкого потребления углеводов, но, если вы очень занятой человек, вероятно, вам будет сложно достичь цели. Книга «Простые кето-рецепты из пяти ингредиентов» – это нечто большее, чем просто набор рецептов. Это простое, адаптируемое решение, которое поможет вам придерживаться кето-диеты независимо от вашего образа жизни.

Книга «Простые кето-рецепты из пяти ингредиентов» содержит 125 простых рецептов с использованием простых и доступных продуктов. Эти рецепты могут быть легко изменены в соответствии с вашими вкусовыми предпочтениями, чтобы вы могли сохранить вашу кето-диету уникальной и очень вкусной.

• Попробуйте быстрые и вкусные рецепты кето-диеты всего из 5 ингредиентов. Каждый рецепт дополнен полезной информацией о питании.

• Минимизируйте стресс от приготовления пищи и последующей уборки кухни с помощью 30-минутных блюд и одной кастрюли.

• Используйте советы по замене ингредиентов и вкусные варианты, чтобы легко менять рецепты по своему вкусу.

Книга «Простые кеторецепты из пяти ингредиентов» превращает пять повседневных продуктов в бесчисленное множество вкусных блюд.

УДК 641
ББК 36.991

ISBN 978-5-17-122303-8.

Моему медвежонку Кае

моей дочери & главному дегустатору

ВВЕДЕНИЕ

ЧТО ТАКОЕ КЕТОЗ? ЧТО ТАКОЕ МАКРО И КАК ЭТО ИЗМЕРЯТЬ? Я ПОПРОБОВАЛА КЕТОДИЕТУ И РАДА, ЧТО РЕШИЛАСЬ

Я так счастлива, что вы решились на кетогенный способ питания со мной!

Соблюдение кетодиеты помогло очень многим людям. Кетодиета – это супер-низкоуглеводная диета, которая включает в себя высокий уровень здоровых жиров и умеренный уровень белка. Мой путь к низкоуглеводному питанию начался более десяти лет назад по рекомендации врача, к которому я ходила на иглоукалывание. В возрасте 18-19 лет у меня диагностировали два аутоиммунных заболевания: псориатический артрит и псориаз. Я искала способы облегчить боль и воспаление, и врач рекомендовал мне исключить сахар из своего рациона. Тогда я впервые задумалась о связи между едой и аутоиммунными расстройствами.

Я последовала его совету, села на низкоуглеводную диету, отказалась от сахара и через несколько недель почувствовала облегчение. Я заметила, что напряжение в суставах уменьшилось, а кожа, прежде раздраженная и красная, стала светлее. Это положило начало моему пути открытий: я узнала больше о том, как мое тело реагирует на различные продукты, и в конце концов нашла план питания, который помог мне чувствовать себя лучше.

В течение многих лет я придерживалась в основном низкоуглеводного плана питания, но у меня также были периоды, когда я срывалась. Затем, несколько лет назад, у меня снова начались аутоиммунные проблемы. Врачи предполагали болезнь Крона, но не были уверены. После многих тестов, которые мало что дали, я решила вернуться к экспериментам с едой, чтобы увидеть, могу ли я помочь себе поправиться. Я начала с употребления высококачественных продуктов (органических, травяных и т. д.), но с углеводами, не содержащих глютен. Я заметила некоторое улучшение своего состояния, но я чувствовала себя вялой и после шести месяцев следования этому плану набрала вес благодаря тем вкусным безглютеновым лакомствам, которые столь доступны в наши дни.

Затем я наткнулась на кетогенную диету. Поначалу мне казалось, что это введение в диету Аткинса, хотя мне понравилась идея употреблять настоящую пищу с низким содержанием белка и акцентом на полезные жиры. Я никогда не слышала о «кето» в то время и, как многие люди, чувствовала себя немного озадаченной и ошеломленной новыми терминами. Что же такое кетоз? Что такое макро и как его измерить? Но я попробовала кетодиету и очень рада, что решилась.

Сразу же мне понравилась задача создания быстрых и легких, а также вкусных блюд, подходящих для кето. Я мать-одиночка, которая работает полный день. У меня также есть чрезвычайно занятая дочь-подросток, поэтому я люблю, чтобы рецепты (и все остальное в моей жизни) были как можно более простыми. По моему опыту, чтобы создать удивительные кетоблюда на скорую руку, вам не нужно огромное количество экзотических ингредиентов и шкаф, полный разных масел.

Рецепты, приведенные в этой книге, помогут вам усмирить тягу к тем высокоуглеводным блюдам, которые вы употребляли до кето. Мечтать о них – абсолютно нормально. Большинство людей всю свою жизнь питались высокоуглеводной пищей, поэтому переход на кетодиету – это, несомненно, дело времени. Но я призываю вас придерживаться ее.

Мои рецепты из пяти ингредиентов сделали мою жизнь легче. Для этой книги я создала столько рецептов, сколько смогла, и их можно приготовить за 30 минут или меньше. У кого сейчас есть время, чтобы тратить часы на приготовление пищи? Эти блюда вкусны и содержат много «правильных» жиров. Вы будете готовить из натуральных, полезных продуктов, которые легко найти и легко заказать. Нет необходимости идти в пять разных продуктовых магазинов, чтобы просто найти кучу незнакомых ингредиентов. Мои рецепты делают кето легким!

Пойдемте со мной, я буду сопровождать вас в вашем путешествии по кето. Я знаю, что вы можете это сделать. Я рада показать вам все суперлегкие способы, которыми вы можете приготовить мои вкусные блюда из пяти ингредиентов, подходящие для кето. Давайте начнем готовить!

ГЛАВА ПЕРВАЯ

ПРОСТАЯ & ЛЕГКАЯ КЕТОГЕННАЯ КУХНЯ

Что мне больше всего нравится в кетогенном образе жизни – так это то, насколько это легко. Причем неважно, готовишь ты дома или нет. Рецепты в этой книге просты и в них используются хорошо знакомые продукты. Я покажу вам, как превратить повседневные, простые в поиске ингредиенты в кетоориентированные блюда. Они вкусные и полны здоровых жиров, которые будут насыщать ваш организм. Самый важный шаг для старта кетодиеты – это просто начать! Не пугайтесь. Я расскажу вам все, что вам нужно знать!

КАК РАБОТАЕТ КЕТОДИЕТА

Начало нового плана питания может шокировать. Знаю, ведь когда я впервые начала исследовать кетогенную диету онлайн, доступные материалы были запутанными, и я чувствовала, что вернулась в класс по естествознанию. Но по своей сути «кето» ориентирована на питание, полное здоровых жиров, смешанных с белками и очень небольшим количеством углеводов. Желательно, чтобы углеводы, которые вы едите, поступали в основном из овощей. Для получения энергии ваше тело переключится со сжигания сахара и углеводов на сжигание жира/кетонов. Этот процесс называется кетозом, и он приводит вас в оптимальное состояние для сжигания жира и похудения. Но потеря веса — не единственное преимущество кетоплана. Ясность ума, уменьшение воспалений и увеличение энергии — вот лишь некоторые из других преимуществ.

Когда вы впервые приступаете к кетодиете, вы можете обнаружить, что, чтобы почувствовать себя сытым, вы едите больше. Но быстро, по мере того, как вы адаптируетесь к кето, вы также обнаружите, что часто не голодны во время еды. Важно научиться слушать свое тело, и если вы не голодны, кушать не стоит. Я постоянно напоминаю себе об этом. Будучи в офисе, я часто чувствую, что мне нужно поесть в полдень, когда все идут на обед. Однако в выходные дни, без такого расписания, я часто могу не есть до двух или трех часов дня. Позвольте своему телу направлять вас, но всегда следите за тем, чтобы пить много воды и потреблять достаточно электролитов.

Преимущества кетогенной диеты огромны, и у каждого человека есть своя причина для начала кетопутешествия. Что касается меня, я сосредоточилась на уменьшении воспалительных процессов моего тела. Исключение сахара, который чрезвычайно вреден для здоровья, и углеводов изменило мою жизнь. Включение вашего тела в питательный кетоз может быть полезно при таких состояниях, как ожирение, эпилепсия, неврологические заболевания и многое другое. Сжигание жира вместо сжигания сахара также может увеличить продолжительность жизни. Кажется, что каждую неделю появляются новые исследования, поддерживающие стиль кетожизни.

Приступая к кетогенной диете, вы можете столкнуться с новыми терминами и возникнут некоторые вопросы. Постараюсь на них ответить.

Что такое кетоз? Резкое ограничение углеводов и сахара в рационе приводит ваше тело в состояние кетоза, когда организм сжигает жир (кетоны) вместо глюкозы (углеводов и сахара). Когда в рационе очень мало углеводов, печень превращает жир в жирные кислоты и кетоновые тела. Последние поступают в мозг и в качестве источника энергии заменяют глюкозу. Этот повышенный уровень кетоновых тел в крови известен как кетоз. Не исключено, что вы сможете достичь состояния кетоза за первую неделю после начала кетодиеты. Это первый шаг к адаптации, которая часто занимает около месяца.

Что такое макросы и почему они важны? Когда вы впервые приступите к кетодиете, вы захотите рассчитать свои «макросы» и отслеживать их каждый день. Макросы, или макронутриенты, являются основными питательными элементами, которые составляют калорийность вашей пищи: белки, углеводы, жиры и некоторые минералы. Центр по контролю и профилактике заболеваний США утверждает, что типичный американский рацион состоит примерно из 50% углеводов, 15% белков и 35% жиров. Структура типичной кетодиеты ближе к 5% углеводов, 20–25% белка и 70–75% жира.

Чтобы подобрать для себя лучшие макросы, вы можете загуглить keto macro calculator. Макро-калькулятор попросит вас ввести информацию (рост, вес, уровень активности, цели и т. д.) и на основе этих данных он предложит вам кетомакросы. Макросы представляют собой верхний предел вашего идеального потребления пищи на каждый день. Они будут разбиты на калории, жиры, белки и углеводы. Если вашей целью является потеря веса, обычно рекомендуется употреблять менее 20 чистых углеводов в день, что является моей ежедневной целью.

Я использую бесплатное приложение Carb Manager («менеджер углеводов» — пер. с англ.), чтобы контролировать свое питание. В нем вы можете установить, сколько вам нужночистых углеводов в день.

Некоторые люди находясь на кетодиете, отслеживают показатели по общим углеводам, а некоторые — по чистым. Каждый решает за себя. Я считаю чистые углеводы. Попросту говоря, это значит, что вы вычитаете содержание нерастворимой клетчатки из общего количества углеводов, потому что клетчатка — это углевод, который ваш организм не может переварить. Например, в 1/2 чашки цветной капусты содержится 2,65 г углеводов и 1,2 г нерастворимой клетчатки. Таким образом, вы вычитаете клетчатку из общего количества углеводов, и чистое содержание углеводов в этой порции составляет 1,45 г.

Полезно ли есть так много жира? Употребление 70–75% жира на кетодиете, вероятно, кажется немного безумным, если вы привыкли к типичной низкоуглеводной диете с низким содержанием жиров.

На самом деле, когда я впервые начала пользоваться кетопланом, я обнаружила, что легко отказаться от углеводов, но гораздо труднее ежедневно достигать рекомендуемого количества жира. Самое главное помнить, что вы хотите есть высококачественные жиры. Не все жиры равны! Высококачественные жиры, такие как сливочное масло, гхи, мясо травяного откорма, органические необезжиренные молочные продукты, авокадо, орехи макадамия и лосось — это примеры видов жиров, которые вы хотите потреблять. Следует избегать низкокачественных жиров, таких как растительное или рапсовое масла. Вы заметите, что на кетоплане вы не будете голодать так часто, потому что высококачественные жиры помогут вам наедаться и чувствовать себя сытым.

Что такое интервальное голодание? Интервальное голодание (ИГ) может быть принято как часть кетогенного образа жизни. Я обычно съедаю всю свою пищу на день в течение восьмичасового «обеденного окна», которое у меня, как правило,между полуднем и восемью часами вечера. Остается 16 часов в день, когда я интервально голодаю, но добрую часть этого времени я сплю, что делает ИГ довольно легким в достижении. В течение ИГ я пью бронекофе (стр. 26), который разрешен по протоколу пуленепробиваемого интервального голодания, и воду, но не употребляю никакой твердой пищи. Бронекофе подавляет мой аппетит благодаря содержанию. Чем дольше вы сидите на кетогенной диете, тем менее голодными вы будете себя чувствовать.

Что такое кетоадаптация? Большинство людей достигают состояния кетоза в течение нескольких недель после соблюдения своих кетогенных макросов, но чтобы стать кетоадаптированным, нужно немного больше времени. После кетоадаптации ваше тело переключается с использования глюкозы в качестве основного источника энергии на использование жира для получения энергии. Этот процесс обычно происходит в течение месяца после того, как вы начали придерживаться кетогенной диеты и производить определенный уровень кетона.

Для получения более подробной и научной информации о кетогенной диете я настоятельно рекомендую всем прочитать «Кетогенную Библию» доктора Джейкоба Уилсона и Райана Лаури. Это самое авторитетное и основательное объяснение всех кетовещей.

РУКОВОДСТВО К КЕТОГЕННОЙ ДИЕТЕ

Переключение вашего тела со сжигания глюкозы на сжигание жира – это большая перемена. А с переменами наступает период приспособления. Когда вы впервые начинаете кетогенную диету, важно следить за своими электролитами, сосредоточиться на питательной еде, насыщенной полезными веществами, и много отдыхать в течение этого периода исцеления вашего тела. Электролиты – это определенные вещества в организме, которые выполняют множество важных функций, в том числе стимулируют мышцы, нервы, поддерживают клеточную функцию, регулируют сердцебиение и многое другое. Если ваши электролиты не сбалансированы, вы будете чувствовать себя усталым или просто «отключенным».

Контролируйте свои электролиты, чтобы свести к минимуму так называемый «кетогрипп». В начале пути ваш организм пройдет через период детоксикации, поскольку из вашей системы вымываются углеводы и сахар. Если вы, как и большинство людей, едите углеводы всю свою жизнь, ваше тело должно пройти перестройку. Вы можете испытывать побочные эффекты, такие как головокружение, мышечные судороги, головные боли, тошнота и усталость. Крепитесь. Этот период детоксикации лишь временный. Ключ к минимизации побочных эффектов заключается в контроле электролитов следующим образом:

- Пейте много воды с электролитами. Я предпочитаю Smartwater[1].
- Больше соли. Употребляйте розовую гималайскую соль или бульон (мясной или овощной), или вы даже можете пить рассол.
- Ешьте продукты, богатые калием, но с низким содержанием сахара, такие как авокадо и шпинат.
- Ешьте продукты, богатые магнием, такие как орехи, шпинат, артишоки и рыба.
- Побольше отдыхайте, потому что ваше тело исцеляется.

Пейте много воды. Во время вашего кетопутешествия вам нужно будет пить много воды, скорее всего, больше, чем вы сейчас пьете. На начальных этапах диеты вы будете терять много воды. Углеводы в вашем теле, как правило, удерживают воду. Когда вы перестанете их потреблять, ваше тело начнет отдавать эту воду, поэтому ее нужно восполнять. Хорошим советом будет убедиться, что ежедневно вы получаете по крайней мере половину своего веса в унциях воды. Например, если вы весите 200 фунтов (90,7 кг), вы должны выпивать не менее 100 унций воды (2,9 литра) каждый день.

[1] Glaceau Smartwater – это бренд бутилированной воды, принадлежащий компании Coca-Cola.

Больше соли. В стандартной американской диете люди обычно едят продукты с большим содержанием соли, например, хлеб. На кето все иначе, поэтому не бойтесь солить пищу (используя высококачественную соль), и если вы чувствуете, что вам все еще нужно больше соли, выпейте немного мясного или овощного бульона. Я рекомендую розовую гималайскую соль, потому что в ней содержится больше минералов, таких как калий, магний, медь и железо, чем в традиционной поваренной соли.

Найдите простые способы употребления жира. Возможно, это звучит устрашающе – потреблять от 70 до 75 процентов жира в вашем ежедневном рационе, но есть много легких способов принимать его в течение дня. Самый простой способ – добавлять полезные масла почти во все, что вы едите.

Проведите исследование перед тем, как есть вне дома. Одна из вещей, которые я действительно люблю в кетодиете, заключается в том, что я могу найти что-то кетоориентированное почти в любом меню ресторана, но это требует некоторой практики! Если возможно, посмотрите перед выходом меню ресторана в интернете, чтобы выяснить хорошие кетоварианты. Мясо и овощи, как правило, отличный выбор для начала. Будьте осторожны с соусами, заправками и маринадами. В них может быть много скрытых углеводов. Если вы сомневаетесь, спросите у официанта ингредиенты соусов, и если он не знает, я предлагаю отказаться от соуса. Рестораны привыкли к особым запросам, поэтому не бойтесь говорить о том, чего именно вы хотите и не хотите.

КУХОННАЯ ТЕХНИКА

На кухне вам не нужно иметь кучу модной техники, чтобы приготовить рецепты из этой книги. Но у вас должно быть несколько ключевых предметов для повседневного использования.

ОБЯЗАТЕЛЬНО ИМЕТЬ

Мерные чашки и мерные ложки. Вам нужно будет убедиться, что вы измеряете все точно, а не просто на глаз, особенно для рецептов выпечки. И если ваша цель – потеря веса, размеры порций также важны.

Лопаточка, шумовка, большая ложка, венчик, щипцы и силиконовая лопатка. Я регулярно покупаю симпатичные силиконовые лопатки, но на самом деле вам достаточно иметь каждый из этих шести инструментов хотя бы в одном экземпляре.

Разделочной доски. В идеале вам их нужно две: одна для овощей и одна для мяса.

Ножи. Купите один или два качественных поварских ножа. Качественный нож для чистки овощей и шестидюймовый поварской нож – хорошее начало. Я купила свой на распродаже в Williams-Sonoma[2].

Терка для сыра/цедры. Дешевле натереть сыр самостоятельно, чем купить его предварительно измельченным. Некоторые терки даже имеют контейнеры для хранения, прикрепленные к ним для удобства. Терка для цедры также может пригодиться, если вы обнаружите, что терка для сыра слишком велика. В некоторых рецептах мы также будем измельчать цитрусовые и овощи.

Противень. Вам понадобится один большой противень для запекания разных блюд и другой – для выпечки.

---

[2] Williams-Sonoma, Inc., является американской публичной компанией розничной торговли, которая продает кухонные принадлежности и предметы интерьера.

Противень для запекания размером 9 на 13 дюймов (23х33 см). Я предпочитаю использовать более глубокий противень для запекания овощей и мяса. В нем же я готовлю свою яичную фриттату. Я всегда пользуюсь угунным эмалированным противенем Le Creuset[3], который очень прост в очистке.

Прямоугольный противень для выпечки размером 9 на 5 дюймов (23х13 см). Это стандартный размер хлебного противня, который я использую для выпечки моего кетохлеба (стр. 83).

Железная форма для кекса. Для нескольких рецептов вам понадобится стандартная железная форма для кексов. Я использую большую жестяную форму для кексов для моих чашечек БСПА (стр. 118), но стандартная тоже подойдет.

8-дюймовая стеклянная форма для выпечки (20 см). Небольшая глубокая стеклянная кастрюля отлично подходит для выпечки десертов или приготовления пищи в небольших порциях.

10- или 12-дюймовая сковорода (25 или 30 см в диаметре). Мне нравится использовать сковороды с антипригарным покрытием, потому что они легко чистятся и очень хорошо подходят для основных кетопродуктов, таких, как яйца. Профессиональные повара сказали бы, что антипригарная сковорода не поджарит все так, как сковорода из нержавеющей стали, но для моих целей она подходит просто идеально. Если вы предпочитаете нержавеющую сковороду, вам просто нужно будет приложить немного больше усилий. Что бы вы ни выбрали, купите одну с крышкой.

[3] Le Creuset – французская компания, производящая сковороды, кастрюли, кокотницы и другую посуду из чугуна.

Кастрюли. Маленькая (2 л) и большая (4,5 л) кастрюли помогут вам в приготовлении большинства блюд.

Мультиварка. Мультиварка, такая, как от Crock-Pot и других марок, очень удобна для приготовления одного простого блюда, особенно зимой. Я люблю, когда еда готовится и весь день наполняет мой дом восхитительными ароматами. Плита у меня очень простая. У нее нет таймера или каких-либо других причудливых механизмов, и работает она просто замечательно. Я использую шестилитровую мультиварку для всех рецептов этой книги, где нужна мультиварка.

Дуршлаг. Он очень важен для мытья свежих фруктов и овощей. Достаточно будет дуршлага среднего размера, если вы не готовите для большого количества гостей.

Миска для смешивания. Набор мисок для смешивания очень полезен при готовке по рецепту. У меня есть набор, который у меня уже по крайней мере десять лет, и я все время им пользуюсь.

Форма для фруктового льда. Существует много забавных форм для льда, и вы можете выбрать любую, чтобы сделать вкусный кетоориентированный фруктовый лед.

Пергаментная бумага. Я использую пергаментную бумагу для всего: от яичных фриттат до жареных овощей и приготовления сырных чипсов. Я покупаю бумагу, уже нарезанную на квадраты. На коробке написано, что пергаментную бумагу можно использовать при температуре до 220° С. (Я научилась этому на собственном горьком опыте!)

Вам также понадобится либо блендер, либо кухонный комбайн.

Блендер. Это отличный инструмент для приготовления коктейлей, напитков, супов и соусов. Если у вас нет блендера, вы можете делать то же, что и я, то есть использовать кухонный комбайн для всего!

КЕТОГЕННАЯ ИЛИ ПАЛЕО?

КЕТО И ПАЛЕО — ЭТО ДВА РАЗНЫХ ПЛАНА ПИТАНИЯ, НО ЭТИ ТЕРМИНЫ ЧАСТО ВЗАИМОЗАМЕНЯЮТ.

ОБЫЧНАЯ ПАЛЕОДИЕТА не так богата жирами или углеводами, как кетодиета. Палео — это все о том, как люди ели несколько тысяч лет назад, когда не было никакой обработанной пищи, и они потребляли в пищу то, что поймали на охоте — мясо, и собрали — орехи, семена и растения. На палеодиете вы можете есть сладкий картофель и другие высокоуглеводные овощи, такие, как морковь. Существует много типов палеодиет, но на стандартной макросы, как правило, ближе к 20% углеводов, 15% белка и 65% жира.

НА КЕТОДИЕТЕ вы не должны есть высокоуглеводные овощи и крахмалы, потому что они повысят уровень глюкозы и выведут вас из кетоза. Макросы кето — это

5% углеводов, 20% белка и 75% жира. Чтобы успешно следовать кетогенной диете, ваше тело должно быть в состоянии кетоза. В противном случае вы просто следуете низкоуглеводному плану питания.

МОЛОЧНЫЕ ПРОДУКТЫ — ЕЩЕ ОДИН ОТЛИЧИТЕЛЬНЫЙ ПРИЗНАК.

На кето необезжиренные молочные продукты могут быть отличным способом, чтобы помочь вам получить здоровые жиры, но вы не обязаны есть молочные продукты. В наиболее традиционной форме палеодиеты молочные продукты полностью исключаются, но сейчас существует много видов палеопланов, и в некоторых из них разрешаются молочные продукты.

МОЖНО ПРИДЕРЖИВАТЬСЯ КЕТОДИЕТЫ, А ТАКЖЕ СЛЕДОВАТЬ НЕКОТОРЫМ ПРИНЦИПАМ ПАЛЕО, в частности, сосредоточиться на натуральных высококачественных продуктах. Я рекомендую всегда использовать самые высококачественные ингредиенты, которые вы можете себе позволить. Кроме того, вы можете заменить некоторые ингредиенты на более палеоориентованные. Например, вы можете заменить сливочное масло топленым, а жирные сливки взбить с кокосовым молоком.

ЧТО МОЖНО ЕСТЬ

Еда, богатая жиром/низкоуглеводная (основанная на чистых углеводах)

МЯСО И МОРЕПРОДУКТЫ

Говядина (говяжий фарш, стейк и т. д.)
Гусь
Колбаса без начинки
Краб
Креветки
Курица
Лангуст
Лобстер
Моллюски
Морской гребешок
Оленина
Осьминог
Перепелка
Рыба
Свинина (свиная отбивная, бекон и т. д.)
Телятина
Утка
Ягненок

МОЛОЧНЫЕ ПРОДУКТЫ, ЯЙЦА И Т.П.

Буратта
Греческий йогурт (необезжиренный)
Домашние взбитые сливки
Жирные сливки
Заправка с голубым сыром
Кесо бланко
Кефалотири
Моцарелла
Несладкое кокосовое молоко
Несладкое миндальное молоко
Плавленый сыр
Проволоне
Рикотта
Соус Ранч
Сыр на гриле
Творог
Халлуми
Яйца

ОРЕХИ И ЗЕРНОВЫЕ

Арахис (в умеренных количествах)
Бразильский орех
Грецкий орех
Кедровые орешки
Кунжутные семечки
Лесной орех
Макадамия
Миндаль
Пекан
Семена льна
Семена сача инчи
Семена чиа
Тыквенные семечки

ФРУКТЫ, ОВОЩИ, ГРИБЫ И ЗЕЛЕНЬ

Абельмош
Авокадо
Брокколи
Грибы
Ежевика
Зеленые бобы
Зелень
Капуста
Клубника
Клюква
Кокос
Лаймы
Лимоны
Лук (в умеренных количествах)
Лук-шалот
Малина
Маринованные огурцы
Морковь (в умеренных количествах)
Огурцы
Оливки
Помидоры (в умеренных количествах)
Редька
Ростки люцерны
Сельдерей
Сладкий перец
Спаржа
Травы
Тыква
Тыква-спагетти (в умеренных количествах)
Хикама
Цветная капуста
Цикорий
Цукини
Черная смородина
Чеснок (умеренно)

ЧЕГО ЕСТЬ НЕЛЬЗЯ

МЯСО И ЕГО ЗАМЕНИТЕЛИ
Колбаса (с начинкой)
Мясные полуфабрикаты (не все)
Сейтан
Тофу
Хот-доги (с начинкой)

МОЛОЧНЫЕ ПРОДУКТЫ И ЗАМЕНИТЕЛИ
Йогурт (регулярно)
Кокосовое молоко (подслащенное)
Миндальное молоко (подслащенное)
Молоко
Соевое молоко (регулярно)

ОРЕХИ И ЗЕРНОВЫЕ
Кешью
Каштаны
Фисташки

ФРУКТЫ И ОВОЩИ
Абрикосы
Ананасы
Апельсины
Артишоки
Баклажаны
Бананы
Бобы (всех видов)
Бойзенова ягода
Болотница сладкая
Бузина
Виноград
Вишня
Груши
Зеленые соевые бобы
Зимний сквош
Изюм
Канталупа
Картофель
Киви
Корень лопуха
Корень таро
Крыжовник
Кукуруза
Лук-порей
Манго
Медовая дыня
Нут
Пастернак
Персики
Плантан
Сладкий картофель
Сливы
Смородина
Турнепс
Тыква мускатная
Финики
Черника
Чернослив
Яблоки
Ямс

Кухонный комбайн. Я часто использую свой кухонный комбайн для приготовления этих рецептов. У меня есть маленький Cuisinart Mini-Prep, так как в моем доме живут только два человека. Он стоит около 40 долларов, и я пользуюсь им все время.

НЕПЛОХО ИМЕТЬ:

Миксер. Я использую электрический ручной миксер, который у меня уже много лет, но если у вас есть настольный миксер, это потрясающе. Этот прибор особенно полезен для приготовления десертов. Если у вас нет ни того, ни другого, вы также можете использовать венчик и одновременно отлично натренировать руки.

Кухонные весы. У меня нет кухонных весов, но я знаю, что это ключевой пункт для многих людей, которые пытаются похудеть на кето. Они используют его для измерения порций, особенно для мяса и других белков.

Погружной блендер. Этот инструмент очень удобен для быстрого смешивания супов и соусов прямо в кастрюле или миске, а не в кухонном комбайне или настольном блендере.

Скалка. Если у вас есть скалка, она пригодится для изготовления таких блюд, как рулетики. Если у вас ее нет — я использовала бутылку вина, и вышло замечательно!

Кисточка для смазывания. Мне нравится использовать кисть, когда я что-то смазываю оливковым маслом, чтобы не переборщить с ним. Но если у вас ее нет, вы можете использовать лист зелени или бумажное полотенце.

Решетка. В некоторых рецептах я переношу готовое блюдо из духовки на решетку для охлаждения. Если у вас ее нет, также подойдет подставка для горячей посуды или подставка для чайника.

ОСНОВНОЕ В КЕТОКЛАДОВОЙ

Когда вы готовите кетоблюда, разумно иметь хорошо укомплектованную кладовую. Вам не нужны никакие экзотические ингредиенты для приготовления пищи. Вам просто нужно все основное. Каждый рецепт в этой книге содержит только пять основных ингредиентов, но следующие пять основных кулинарных скрепок не включаются в это число.

ОСНОВНЫЕ КЕТОПРОДУКТЫ

1. Розовая гималайская соль.
2. Свежемолотый черный перец.
3. Гхи (топленое масло без молока, лучше покупать масло от коров лугового выпаса).
4. Оливковое масло.
5. Сливочное масло из молока коров лугового выпаса.

В дополнение к этим пяти основным продуктам есть десять ключевых скоропортящихся ингредиентов, которые стоит всегда иметь под рукой. Я рекомендую вам покупать по возможности только органические продукты.

СКОРОПОРТЯЩИЕСЯ КЕТОПРОДУКТЫ

1. Яйца (выращенные в натуральных условиях).
2. Авокадо.
3. Бекон (неконсервированный).

4. Сливочный сыр (необезжиренный; или используйте безмолочную альтернативу).
5. Сметана (необезжиренная; или используйте безмолочную альтернативу).
6. Жирные сливки или кокосовое молоко (необезжиренные; я покупаю кокосовое молоко в банке).
7. Чеснок (свежий или рубленый).
8. Цветная капуста.
9. Мясо (лучше мясо коров лугового выпаса).
10. Зелень (шпинат, капуста кале или руккола).

Кроме того, ниже приведены некоторые из моих любимых продуктов, которые всегда есть на моей кухне. Некоторые из них являются основными продуктами, а некоторые —закусками или сладостями. В разделе «Источники» я расскажу вам, где найти эти продукты. У меня даже есть коды скидок, которые вы можете использовать при покупке некоторых из них!

ЛЮБИМЫЕ КЕТОПРОДУКТЫ

Яйца (выращенные в натуральных условиях) от Vital Farms. Первое, что привлекло меня в этой марке яиц, была их красивая упаковка и тот факт, что эти яйца выращены в натуральных условиях. Желтки оранжевые, а сами яйца вкусные. Покупка таких яиц определенно меняет все. Свежие яйца, выращенные в натуральных условиях, еще лучше, если рядом с вами есть местный фермерский рынок.

Масло Kerrygold. Масло от коров лугового выпаса просто вкуснее. Как только вы попробуете, к другому вы не вернетесь. Kerrygold, то, что из Ирландии, имеет более высокое содержание жира. Есть и другие травяные бренды, но Kerrygold широко доступен в Whole Foods, Costco, Trader Joe's, Walmart и Safeway. Его подают несоленым и соленым. Я использую соленое практически для всего.

Октановое масло для мозга от Bulletproof. Bulletproof – это бренд, который производит различные высококачественные кетопродукты. Мои любимые – это их кофе, топленое масло и октановое масло для мозга. Октановое масло для мозга – одно из моих секретных кетооружий, так как это очень простой способ добавить высококачественные жиры во все, что вы едите. Одна столовая ложка масла содержит 14 граммов жира, не имеет запаха и вкуса. Я использую октановое масло для мозга в своем бронекофе, часто называемом «масляным». Но есть много других способов его использования.

Гхи от Bulletproof. Я доверяю качеству продуктов Bulletproof, поэтому я также покупаю их гхи. Гхи – это топленое масло (без молока), которое имеет высокую температуру дымообразования, поэтому его отлично использовать для приготовления пищи. Так же, как и в случае со сливочным маслом, я рекомендую гхи от коров лугового выпаса. Приличное количество людей, которые соблюдают кетодиету, убирают из рациона молоко. Гхи является идеальной заменой сливочного масла в кулинарии, а также вкусным дополнением к бронекофе.

Органические специи от Primal Palate. Специи могут действительно улучшить блюдо! Я влюбилась в смеси приправ от Primal Palate. Их специи высочайшего качества, и они делают удивительные смеси, такие как Breakfast Blend, Super Gyro и Garam Masala, которые выведут ваши блюда на новый уровень.

MCT Oil Powder[4] от Perfect Keto. Этот продукт прекрасно подходит для добавления высококачественных жиров в блюда и напитки. Масла могут быть неприятными и, конечно, не хочется добавлять маслянистую текстуру в напитки. Порошок масла МСТ добавляет жиры, и у него приятная кремовая текстура, которая отлично подходит для напитков, таких, как кофе или коктейли. Я также использую его в выпечке, так как оно безвкусное, но при этом добавляет полезные жиры.

Protein Collagen MCT Oil Powder от Perfect Keto. Этот молочный протеиновый порошок, также от Perfect Keto, содержит коллаген, а его я люблю. Производство коллагена в нашем организме замедляется с возрастом, и потребление подобных продуктов может помочь бороться с этим. Коллаген полезен, в частности, для суставов, волос и ногтей.

Печенье Fat Snax. Это полезное и жирное печенье имеет восхитительный вкус и является палеоориентированным, кетоориентированным и органическим. Моя дочь любит делать из него сэндвичи с кетомороженым.

Keto Kookies. Еще один вариант сладкого печенья, Keto Kookie, был создан двумя друзьями, которые похудели на кетогенной диете и решили запустить свой собственный бренд. У него восхитительный вкус и приятная текстура.

Марконский миндаль с розмарином Trader Joe's. Я одержима этими орешками. Если вы никогда не пробовали марконский миндаль, то это более маслянистый миндаль с более плоской формой и нежным вкусом. У Traders Joe's есть несколько сортов, но с розмарином мой любимый.

Рис и лапша от Miracle. Эти два продукта действительно расширяют ваше кетоменю. Лапша и рис Miracle не содержат глютена, сои, калорий и чистых углеводов. У них есть различные виды лапши, так что вы можете приготовить все ваши любимые блюда из лапши кетоориентированным способом.

Продукты от Primal Kitchen. Для майонеза и салатных заправок я люблю продукты Primal Kitchen. Если вы не собираетесь делать свой собственный майонез, можно покупать продукты этого бренда, ему я доверяю. Их майонез сделан с маслом авокадо и не содержит сахара.

В своих рецептах я также люблю использовать следующие общие, не характерные для кетодиеты продукты. У них прекрасный вкус, они соответствуют моим диетическим требованиям и, как правило, имеют разумную цену. Все мои рецепты были протестированы и разработаны с использованием этих продуктов, но не стесняйтесь заменять их альтернативными, если у вас есть свои любимые!

- Органическая медово-горчичная заправка от Annie's.
- Панчетта от Boar's Head или Citterio.
- Кокосовая мука от Bob's Red Mill.
- Соус чимичурри от Elvio's.
- Соус Red Hot от Frank's.
- Арахисовое масло от Justin's.

[4] Порошок среднецепочечных триглицердов, МСТ (прим. ред.).

- Костный бульон от Kettle & Fire.
- Шоколадные чипсы без сахара от Lily's.
- Цельнозерновые тортильи с низким содержанием углеводов от Mission.
- Органические томатные кубики с итальянскими специями от Muir Glen.
- Свежая зелень от Organic Girl: молодой шпинат, молодая капуста кале, сердцевина и листья римского салата, кочанный салат, салат ромэн и молодая руккола.
- Соусы и заправки от Primal Kitchen: майонез, греческая заправка с уксусом, «Цезарь» с маслом авокадо, ранч.
- Томатный соус от Rao's.
- Острый красный перец от Miso Mayo.
- Заменитель сахара от Swerve.
- Миндальная мука Trader Joe's.
- Заправка с кусочками голубого сыра от Trader Joe's.
- Кокосовое масло (кулинарный спрей) от Trader Joe's.
- Замороженные полуготовые креветки от Trader Joe's.
- Органические семена чиа от Trader Joe's.
- Кокосовые сливки от Trader Joe's.
- Trader Joe's Organic Full-Fat Unsweetened Coconut Milk (консервная банка объема 13,5-унций); имеет свойство расслаиваться, поэтому следует размешать после открытия перед тем, как использовать.
- Ломтики прошутто от Trader Joe's.
- Дикий консервированный лосось из Аляски от Wild Planet.
- Рут Бир от Zevia.

КЕТОГОТОВКА

Поначалу кетогенная диета может показаться сложной, но на самом деле она направлена на упрощение ваших пищевых привычек. Простые блюда, приготовленные из высококачественных натуральных ингредиентов, — залог успеха. Рецепты в этой книге — это хорошие примеры такого простого подхода, потому что каждый из них содержит всего пять основных ингредиентов. Планируя свои поездки по магазинам и опираясь на эти рецепты, вы сможете составить список продуктов и не купить лишнего. По моему опыту, чем продуманнее ваш план, тем больше вероятность, что у вас получится соблюдать кетодиету. У каждого может быть свой план. Например, я всегда беру с собой кетозакуски, когда уезжаю из города и когда у меня целый день встречи. В противном случае легко поддаться доступным соблазнам. Для других приготовление пищи на будущую неделю в выходные может быть лучшим планом для достижения успеха.

Используйте самые качественные ингредиенты, которые только можете себе позволить. Бакалейные и низкокачественные продукты могут вызвать в вашем организме воспаление, с которым борется кетогенная диета. Так что делайте все возможное, чтобы ваш рацион был максимально чистым с использованием настоящих, высококачественных продуктов.

Выбросьте из дома все не кетопродукты. Разгрузите свои наполненные углеводами кладовые и раздайте все друзьям, соседям, коллегам или благотворительным организациям. Просто избавьтесь от этих продуктов, чтобы настроиться на успех.

Придерживайтесь как можно более простой еды. Придерживайтесь рецептов, подобных приведенным в этой книге, в которых используются натуральные продукты и не содержится большого количества ингредиентов. Кето создан быть простым.

Следите за тем, что вы едите в течение дня. Заведите привычку вводить свои блюда в приложение, например, Carb Manager. Не каждый прием пищи должен складываться в идеальные кетомакросы, но чем более внимательными вы будете в течение дня, тем легче будет достичь своих целей. Макроцели, к которым вы стремитесь каждый день, состоят из жиров, белков, углеводов и калорий.

Планируйте свое питание. Готовьте пищу заранее, чтобы у вас всегда была еда под рукой. Это ключ к успеху для многих людей. Убедитесь, что в вашем холодильнике и кладовой есть все основные продукты, чтобы, когда наступит голод, вы могли удовлетворить его подходящим низкоуглеводным, жирным вариантом.

Подготовьте и храните ингредиенты заранее. Сваренные вкрутую яйца – идеальная закуска, которую вы можете приготовить заранее и хранить готовой в холодильнике. Я также люблю готовить небольшие пакеты с zip-замком с овощами, орехами, ломтиками сыра и другими легкими кетозакусками и держать их в холодильнике, чтобы захватить перед выходом. Кроме того, вы обнаружите, что промывка и нарезка овощей, которые вы планируете использовать для рецептов следующей недели – это полезный способ сократить время приготовления ужина.

Варить оптом. Обычно дешевле покупать мясо и птицу в больших количествах, поэтому не стесняйтесь готовить недельную порцию за один раз и хранить все в холодильнике и морозильной камере. Это сэкономит вам много времени на протяжении всей недели.

Не бойтесь новых пищевых сочетаний. Кетогенная диета дает вам возможность творчески подходить к вкусным ингредиентам с высоким содержанием жиров, с которыми вы, вероятно, не очень знакомы.

Не бойтесь соли и приправ. Вы можете придать даже такому простому блюду, как яйца, совершенно другой вкус, просто используя различные приправы. Получайте удовольствие от ароматов.

Будьте преданными. Требуется около месяца, чтобы полностью адаптироваться к кето, когда ваше тело полностью переключится и станет суперэффективным при использовании жира/кетонов в качестве топлива. Кето – это долгосрочный способ питания, поэтому дайте своему организму время, чтобы выздороветь и приспособиться.

О РЕЦЕПТАХ

В ЭТОЙ КНИГЕ ВЫ НАЙДЕТЕ 130 ПРОСТЫХ РЕЦЕНТОВ ИЗ ПЯТИ ИНГРЕДИЕНТОВ ДЛЯ КАЖДОГО ПРИЕМА ПИЩИ

Более половины блюд по этим рецептам можно приготовить менее чем за 30 минут. Кроме того, всегда, когда это было возможно, я старалась свести к минимуму необходимое количество кастрюль и сковородок, потому что я не люблю обременять себя и других мытьем посуды.

В этой книге у рецептов есть полезные указатели:

ОДНА КАСТРЮЛЯ. Эти блюда могут быть приготовлены в одной кастрюле или миске.

ОДНА СКОВОРОДА. Эти блюда могут быть приготовлены в одной сковороде, форме для выпечки или другой посуде для приготовления пищи.

30 МИНУТ. Для подготовки и приготовления пищи по этим рецептам уйдет 30 или меньше минут.

БЕЗ ГОТОВКИ. Эти рецепты не предполагают никакой тепловой обработки пищи.

ВЕГЕТАРИАНСКОЕ. Эти блюда не содержат мяса.

Каждый рецепт в книге требует всего пяти основных ингредиентов и некоторых из пяти ингредиентов кладовой, а также: розовую гималайскую соль, свежемолотый черный перец, гхи, оливковое масло и масло от коров лугового выпаса. Вы найдете информацию о питательных веществах, а также разбивки по макросам в нижней части каждого рецепта.

В каждом рецепте есть хотя бы один совет:

СОВЕТ ПО ЗАМЕНЕ. Это рекомендации по замене или исключению ингредиентов.

СОВЕТ ПО ИНГРЕДИЕНТАМ. Это простые или альтернативные способы приготовления ингредиентов.

ВАРИАНТЫ. Это другие сочетания ароматов или ингредиентов, которые вы можете использовать в основном блюде, чтобы легко изменить рецепт.

Большинство рецептов в книге рассчитаны на двух человек, потому что я изначально создавала их для себя и своей дочери. И благодаря моим последователям я обнаружила, что рецепты для двух человек очень популярны. Если вы ожидаете друзей, просто умножьте ингредиенты на нужную цифру.

ГЛАВА ВТОРАЯ

СМУЗИ И ЗАВТРАКИ

Кетогенная диета и продукты для завтрака – идеальная пара. Только для одного ингредиента – например, яиц – есть бесконечные способы, благодаря которым вы можете подходить к ним творчески. Рецепты в этой главе являются одними из самых моих любимых. Это то, что я часто делаю для себя и своей дочери. Во время напряженной рабочей и школьной недели я обычно предпочитаю на завтрак бронекофе или американо с жирными сливками. Но по выходным я люблю готовить большие кетозавтраки. Эти рецепты покажут вам, как вы можете взять некоторые из ваших любимых утренних блюд, таких как смузи с сахаром и углеводами и блины, и превратить их в легкие, удобные кетоварианты.

БРОНЕКОФЕ

Бронекофе – основной напиток во многих кетодиетах. Я люблю его и честно чувствую себя Чудо-женщиной после того, как выпью чашечку. Одним из самых больших преимуществ для меня является возможность продлить мое интервальное голодание с Bulletproof, потому что наполненный жиром кофе помогает мне быть сытой до обеда. Если вы не используете бронекофе для голодания и вместо этого хотели бы добавить белок или коллаген, вы можете сделать и это.

30 МИНУТ
ОДНА КАСТРЮЛЯ
БЕЗ ГОТОВКИ

ПОРЦИЙ 1
ВРЕМЯ 5 минут

1 ½ чашки горячего кофе
2 столовые ложки MCT oil powder или октановое масло для мозга от Bulletproof
2 столовые ложки сливочного масла или гхи

В порции:
Калории — 463
Жиры —51 г
Углеводы — 0 г
Чистые углеводы — 0 г
Клетчатка — 0 г
Белок — 1 г

1. Налейте горячий кофе в блендер.
2. Добавьте MCT oil powder и масло и мешайте до однородности и образования пены.
3. Перелейте в большую чашку и наслаждайтесь

ВАРИАНТЫ

Если вы хотите добавить протеин в свой бронекофе, вот несколько советов. Если вы на интервальном голодании, вам не надо добавлять белок, потому что это положит конец вашему голоданию. Если вы не голодаете, то попробуйте эти простые способы, чтобы создать более сытный напиток к завтраку:

* Сырое яйцо. Чтобы добавить белок, замените MCT oil powder на одно сырое яйцо. Звучит странно, я знаю, но яйцо добавляет привлекательную кремовую текстуру, и хотя яйцо в горячем кофе сварится, я обещаю, что не будет никакого намека на приготовленные белки.
* Протеин и коллагеновый порошок: вы также можете добавить совок или два протеинового порошка. Мне нравится Perfect Keto Collagen. У него отличный шоколадный аромат, который особенно вкусен в кофе. Порошок Keto Collagen Powder содержит коллаген животных на луговом выпасе, MCT oil powder и протеиновый порошок. Коллаген является хорошей противовоспалительной добавкой.
* Пряности: для вкусной пряной версии добавьте 1 чайную ложку корицы и немного заменителя сахара к вашей бронесмеси.

СОВЕТ ПО ИНГРЕДИЕНТАМ. Если вы новичок в кетодиете, вам следует медленно начинать с октанового масла для мозга. Оно очень мощное, так что следует доходить до двух столовых ложек в течение нескольких недель.

ЯГОДНО-АВОКАДНЫЙ СМУЗИ

Это мой любимый коктейль. Он очень вкусный и наполнен здоровыми жирами, калием, магнием и клетчаткой. Добавьте жидкую стевию, если хочется послаще.

ПОРЦИЙ 1
ВРЕМЯ 5 минут

30 МИНУТ
ОДНА КАСТРЮЛЯ
БЕЗ ГОТОВКИ
ВЕГЕТАРИАНСКОЕ

ПОРЦИЙ 2
ВРЕМЯ 5 минут

1 стакан несладкого необезжиренного миндального молока
1 скуп Perfect Keto Exogenous Ketone Powder с персиком и сливками (протеин)
½ авокадо
1 стакан свежего шпината
½ стакана ягод, свежих или замороженных (если заморожены — без добавления сахара)
½ стакана льда
¼ чайной ложки жидкой стевии (по желанию)

В одной партии:
Калории — 709
Жиры — 68 г
Углеводы — 27 г
Чистые углеводы — 14 г Клетчатка — 12 г
Белок — 8 г

В порции:
Калории — 355
Жиры — 40 г
Углеводы — 16 г
Чистые углеводы — 8 г
Клетчатка — 6 г
Белок — 4 г

1. В блендере смешайте кокосовое молоко, протеин, авокадо, шпинат, ягоды, лед и стевию (если употребляете).
2. Мешайте до однородности и появления пены.
3. Налейте в высокий стакан и наслаждайтесь.

СОВЕТ ПО ИНГРЕДИЕНТАМ. Добавление авокадо в смузи может показаться странным, но оно содержит питательные вещества, полезные жиры, а также придает кремовую текстуру.

МИНДАЛЬНО-МАСЛЯНОЕ СМУЗИ

Когда моя дочь пьет этот коктейль, ей кажется, что она пьет молочный коктейль, но при этом очень полезный. Мне нравится, что у меня есть восхитительная возможность сочетать пользу и вкус в одном блюде! К тому же, этот смузи будет питать ее тело и ум в течение многих часов. Если не хватает сладости, добавьте жидкую стевию – натуральный подсластитель.

30 МИНУТ
ОДНА КАСТРЮЛЯ
БЕЗ ГОТОВКИ
ВЕГЕТАРИАНСКОЕ

ПОРЦИЙ 2
ВРЕМЯ 5 минут

1 стакан несладкого необезжиренного кокосового молока
1 скуп Perfect Keto Exogenous Ketone Powder с персиком и сливками (протеин)
½ авокадо
2 столовые ложки миндального масла
½ стакана ягод, свежих или замороженных (если заморожены — без добавления сахара)
½ стакана со льдом
¼ чайной ложки жидкой стевии (по желанию)

В одной партии:
Калории — 709
Жиры — 68 г
Углеводы —27 г
Чистые углеводы — 14 г
Клетчатка — 12 г
Белок — 8 г

В порции:
Калории — 355
Жиры 40 г
Углеводы — 16 г
Чистые углеводы — 8 г
Клетчатка — 6 г
Белок — 4 г

1. В блендере смешайте кокосовое молоко, протеин, авокадо, шпинат, ягоды, лед и стевию (по желанию).
2. Мешайте до однородности и появления пены.
3. Перелейте в высокий стакан и наслаждайтесь.

СОВЕТ ПО ИНГРЕДИЕНТАМ. Можно добавить 1 чайную ложку куркумы, чтобы усилить у смузи противовоспалительные свойства. Или же можно добавить чайную ложку семян чиа, вымоченных заранее в молоке минимум в течение 20 минут. Семена – источник клетчатки, железа, кальция и омега-3.

ПУДИНГ С ЕЖЕВИКОЙ И ЧИА

Однажды, когда в моей кладовке завалялась банка кокосового молока, я решила найти новый способ его использованияи – так и появился этот рецепт. Я обратилась к своим прекрасным подписчикам в Instagram, и кто-то предложил мне сделать пудинг из чиа. Я взбила пудинг, добавив ежевику – низкоуглеводный вкусный продукт. Это сладкое угощение может быть и десертом, и супервкусным завтраком. Семена чиа, обогащенные клетчаткой, железом, кальцием и омега-3 жирными кислотами – это один из самых питательных продуктов на планете. Удивительно, что такие маленькие зерна могут содержать в себе так много пользы для здоровья, правда? На ночь семена чиа нужно замочить в кокосовом молоке и дать им размягчиться, чтобы образовалась смесь для пудинга. Семена чиа способствуют замедлению пищеварения, а жирность этого блюда дарит вам ощущение сытости на несколько часов.

ОДНА КАСТРЮЛЯ
БЕЗ ГОТОВКИ
ВЕГЕТАРИАНСКОЕ

ПОРЦИЙ 2
ВРЕМЯ 10 минут, и ночь для образования пудинга

1 стакан несладкого необезжиренного кокосового молока
1 чайная ложка жидкой стевии (по желанию)
1 чайная ложка ванильного экстракта
½ стакана ежевики, свежей или замороженной (если заморожена — без добавления сахара)
¼ стакана семян чиа

В одной партии:
Калории — 873
Жиры — 75 г
Углеводы — 46 г
Чистые углеводы — 15 г
Клетчатка — 30 г
Белок — 15 г

В порции:
Калории — 437
Жиры — 38 г
Углеводы — 23 г
Чистые углеводы — 8 г
Клетчатка — 15 г
Белок — 8 г

1. В кухонном комбайне (или блендере) смешайте кокосовое молоко, стевию и ваниль, пока смесь не начнет густеть.
2. Добавьте ежевику и тщательно перемешайте. Смесь должна стать лилового цвета. Добавьте семена чиа.
3. Разделите смесь между двумя маленькими чашками с крышками и поставьте в холодильник на ночь или на срок до трех дней перед подачей на стол.

КУЛИНАРНЫЙ СОВЕТ. В первый раз, когда я готовила по этому рецепту, я пыталась взбить смесь в миске вручную вместо того, чтобы использовать кухонный комбайн или блендер, предполагая, что она загустеет за ночь. Этого не произошло. Поэтому использование кухонного комбайна или блендера обязательно.

ФРИТТАТА С ДВОЙНОЙ ПОРЦИЕЙ СВИНИНЫ

Я люблю фриттату. Раньше я всегда готовила ее с сыром, но однажды он закончился, и я решила добавить просто взбитые сливки. Результат ошеломил меня! Фриттата получилась такой воздушной и вкусной, что я теперь делаю так всегда. Для этого рецепта я использую полностью натуральное свиное сало, доступное в Fatworks, а также в большинстве мясных лавок, или вы можете использовать сало в беконе.

30 МИНУТ

ПОРЦИЙ 4
ПОДГОТОВКА 5 минут
ВРЕМЯ ГОТОВКИ 25 минут

1 столовая ложка сливочного масла или свиного сала
8 больших яиц
1 стакан жирных сливок
Розовая соль
Свежемолотый черный перец
115 г нарубленной панчетты
60 г тонких ломтиков прошутто
1 столовая ложка свежего укропа

В одной партии:
Калории — 1747
Жиры — 154 г
Углеводы 10 г
Чистые углеводы — 10 г
Клетчатка — 0 г
Белок — 83 г

В порции:
Калории — 437
Жиры — 39 г
Углеводы — 3 г
Чистые углеводы — 3 г
Клетчатка — 0 г
Белок — 21 г

1. Разогрейте духовку до 190° С. Смажьте маслом противень размером 9 на 13 дюймов (примерно 23х33 см).
2. В большой миске взбейте вместе яйца и сливки. Приправьте розовой солью и перцем, перемешайте.
3. Вылейте яичную смесь в подготовленный противень. Посыпьте панчеттой и равномерно распределите по всей поверхности.
4. Порвите ломтики прошутто и положите сверху, затем посыпьте укропом.
5. Выпекайте около 25 минут, или пока края не станут золотистыми, а яйца не приготовятся.
6. Перенесите на решетку или подставку для охлаждения на 5 минут.
7. Нарежьте на 4 порции и подавайте горячим.

КУЛИНАРНЫЙ СОВЕТ. В этом рецепте вы можете использовать смазанную маслом железную форму для кексов, чтобы сделать отдельные порции завтрака. Просто убедитесь, что равномерно распределили все ингредиенты между формами для кексов.

ВАРИАНТЫ. Отличная особенность фриттаты заключается в том, что вы можете добавить к ней много других ингредиентов. Вот несколько вариантов, которые вы можете попробовать, но получайте удовольствие, придумывая свои собственные комбинации из содержимого вашего холодильника:

* Поджаренная колбаса и свежий шпинат.
* Нарезанный бекон, нарезанные свежие грибы и свежий шпинат.
* Нарезанные маслины, красный перец и свежая петрушка.
* Нарезанная кубиками ветчина, зеленый перец и зеленый лук.

КОЛБАСНЫЙ ЗАВТРАК

Самое лучшее в приготовлении кетозавтраков – это то, сколько простых ингредиентов можно объединить, чтобы получить идеальную здоровую жирную пищу. Колбасные котлетки с аккомпанементом из пюре авокадо и глазуньи – отличное начало дня!

30 МИНУТ

ПОРЦИЙ 2
ПОДГОТОВКА 10 минут
ВРЕМЯ ГОТОВКИ 15 минут

225 г свиного фарша
½ чайной ложки чесночного порошка
½ чайной ложки лукового порошка
2 столовые ложки гхи, добавлять частями
2 больших яйца
1 авокадо
Розовая соль
Свежемолотый черный перец

В одной партии:
Калории — 1066
Жиры — 88 г
Углеводы — 14 г
Чистые углеводы — 5 г
Клетчатка — 9 г
Белок — 57 г

В порции:
Калории — 533
Жиры — 44 г
Углеводы — 7 г
Чистые углеводы — 3 г
Клетчатка — 5 г
Белок — 29 г

1. Разогрейте духовку до 190° С.
2. Перемешайте свиной фарш, чесночный порошок и луковый порошок в миске. Сформируйте 2 котлетки.
3. В сковороде на среднем огне растопите 1 столовую ложку гхи.
4. Выложите колбасные котлеты и готовьте по 2 минуты с каждой стороны, пока они не подрумянятся.
5. Переложите колбасу на противень. Запекайте в духовке от 8 до 10 минут до готовности.
6. Добавьте оставшуюся 1 столовую ложку гхи в сковороду. Когда она нагреется, разбейте яйца в сковороду и готовьте, не перемешивая, около 3 минут, пока белки не станут белыми, а желтки не застынут.
7. Тем временем в небольшой миске разомните авокадо.
8. Приправьте яйца розовой солью и перцем.
9. Выньте из духовки готовые колбасные котлеты.
10. Положите по колбаске на подогретые тарелки. Намажьте половину пюре из авокадо на каждую котлету, а сверху положите по яичнице. Подавать горячим.

СОВЕТ ПО ЗАМЕНЕ. Вы можете использовать предварительно приготовленные замороженные колбасные котлетки для ускорения процесса готовки. Просто убедитесь, что они не содержат сахара.

ПИКАНТНЫЙ СКРЭМБЛ НА ЗАВТРАК

Завтрак – это один из тех приемов пищи, который можно приготовить из различных ингредиентов. Этот вдохновлен мексиканскими мотивами, но вы можете так же легко воодушевляться итальянскими или средиземноморскими кухнями. Мексиканская острая колбаса чоризо обеспечивает пикантную мясную основу для этой яичницы, а с соусом, сыром и зеленым луком этот легкий завтрак подарит ощущение сытости в течение нескольких часов. Я использую сыр пеппер джек для дополнительной пикантности.

30 МИНУТ

ПОРЦИЙ 2
ПОДГОТОВКА 5 минут
ВРЕМЯ ГОТОВКИ 10 минут

2 столовые ложки гхи
175 г мексиканского чоризо или любой другой острой колбасы
6 больших яиц
2 столовые ложки жирных сливок
Свежемолотый черный перец
½ стакана тертого сыра (пеппер джек добавлять частями)
½ стакана нарубленного лука-шалота, белые и зеленые части

В одной партии:
Калории — 1700
Жиры — 139 г
Углеводы —13 г
Чистые углеводы — 11 г
Клетчатка — 1 г
Белок — 91 г

В порции:
Калории — 850
Жиры — 70 г
Углеводы — 7 г
Чистые углеводы — 6 г
Клетчатка — 1 г
Белок — 46 г

1. В большой сковороде на среднем огне растопите гхи. Добавьте колбасу и обжаривайте около 6 минут, до готовности.
2. В средней миске взбейте яйца до образования пены.
3. Добавьте сливки, приправьте розовой солью и перцем. Тщательно перемешайте венчиком.
4. Оставив жир на сковороде, отодвиньте колбасу в сторону. Добавьте яичную смесь на другую сторону сковороды и нагревайте до почти полной готовности, около 3 минут.
5. Когда яйца почти готовы, добавьте к ним половину тертого сыра, перемешайте.
6. Смешайте яйца и колбасу на сковороде. Сверху положите оставшийся тертый сыр и зеленый лук.
7. Выложите скрэмбл на две тарелки, подавайте горячим.

СОВЕТ ПО ЗАМЕНЕ. Если вы не можете найти мексиканский чоризо, используйте обычный говяжий фарш и специи, такие как чеснок, тмин и орегано.

ВАРИАНТЫ. Чтобы перейти на следующий уровень, вы можете добавить начинку, которая улучшит вкусовой букет и добавит полезные жиры:

* Выложите на яичницу ½ авокадо, нарезанного ломтиками, нарезанный кубиками халапеньо1 и ложку сметаны.
* Добавьте 1 столовую ложку сальсы, 1 столовую ложку нарезанных маслин и 1 столовую ложку нарезанных свежих листьев кинзы.

ЯИЧНЫЕ МАФФИНЫ С БЕКОНОМ И ХАЛАПЕНЬО*

Яичный маффин с беконом – это идеальный кетозавтрак, закуска или даже гарнир. Хрустящий бекон снаружи, кремовая текстура внутри из яиц и сливочного сыра, с нотками острого халапеньо – залог яркого утра. Сливочный сыр, смешанный с кусочками перца халапеньо, обеспечивает умеренную остроту.

30 МИНУТ

6 маффинов
ПОДГОТОВКА 5 минут
ВРЕМЯ ГОТОВКИ 25 минут

ДЛЯ БЕКОНА
6 ломтиков бекона
1 столовая ложка масла

ДЛЯ ЯИЦ
2 перца халапеньо
4 больших яйца
60 г сливочного сыра комнатной температуры
Розовая соль
Свежемолотый черный перец
¼ стакана смеси тертых мексиканских сыров

В одной партии:
Калории — 955
Жиры — 80 г
Углеводы — 7 г
Чистые углеводы — 6 г
Клетчатка — 1 г
Белок — 53 г

В порции:
Калории — 159
Жиры — 13 г
Углеводы — 1 г
Чистые углеводы — 0 г
Клетчатка — 0 г
Белок — 9 г

ГОТОВИМ БЕКОН

1. Разогрейте духовку до 190° С.
2. Тем временем нагрейте большую сковороду на среднем огне. Выложите ломтики бекона и слегка поджаривайте около 4 минут. Переложите бекон на тарелку, выстеленную бумажным полотенцем.
3. Смажьте маслом шесть железных форм для кексов. Поместите частично приготовленную полоску бекона в каждую чашку, чтобы выровнять стороны.

ГОТОВИМ ЯЙЦА

1. Один халапеньо разрежьте вдоль, очистите от семян и пропустите через мясорубку. Оставшийся халапеньо нарежьте кольцами, очистив от семян. Отложите.
2. В средней миске взбейте яйца с помощью ручного миксера до пены. Добавьте сливочный сыр и нарезанный в мясорубке халапеньо, приправьте розовой солью и перцем и, чтобы соединить все, снова взбейте.
3. Вылейте яичную смесь в подготовленную форму для кекса, наполняя каждую чашку примерно на две трети, чтобы оставалось место для подъема.
4. В каждую формочку сверху положите немного тертого сыра и кольцо халапеньо. Запекайте в течение 20 минут.
5. Дайте 10 минут, чтобы остыть, и подавайте горячим.

СОВЕТ ПО ЗАМЕНЕ. Если у вас нет халапеньо или вы не любите острое, вы можете использовать болгарский перец или другой хрустящий овощ, например, спаржу.

* Сорт овощного перца (*прим. ред.*).

ХЭШ ИЗ ЦВЕТНОЙ КАПУСТЫ С БЕКОНОМ И ЯЙЦОМ

Вам не нужна картошка, чтобы сделать вкусный хэш на завтрак. Цветная капуста — низкоуглеводный овощ, который является отличной заменой. В этом рецепте хэша я превратила классический завтрак с беконом и яйцом в легкий, полноценный, первый прием пищи, приготовленный на одной сковороде.

30 МИНУТ
ОДНА СКОВОРОДА

ПОРЦИЙ 2
ПОДГОТОВКА 5 минут
ВРЕМЯ ГОТОВКИ 15 минут

6 ломтиков бекона
½ кочана цветной капусты, разломанной на соцветия
2 порезанных зубчика чеснока
1 средняя луковица, нарезанная кубиками
4 больших яйца
1 столовая ложка оливкового масла при необходимости
Розовая соль
Свежемолотый черный перец

В одной партии:
Калории — 790
Жиры — 54 г
Углеводы — 29 г
Чистые углеводы — 21 г
Клетчатка — 8 г
Белок — 50 г

В порции:
Калории — 395
Жиры — 27 г
Углеводы — 15 г
Чистые углеводы — 11 г
Клетчатка — 4 г
Белок — 25 г

1. Примерно 8 минут на большой сковороде на среднем огне обжаривайте бекон с обеих сторон до хрустящей корочки. Переложите его на выложенную бумажным полотенцем тарелку и дайте остыть в течение 5 минут. После нарежьте бекон.
2. Убавьте огонь до среднего и добавьте в ту же сковороду цветную капусту, чеснок и лук к салу из бекона на сковороде. Обжаривайте в течение 5 минут. Если сковорода подсохнет, добавьте оливковое масло. Соцветия цветной капусты должны подрумяниться.
3. Используя ложку, сделайте 4 лунки в смеси на сковороде и разбейте яйцо в каждую. Приправьте розовой солью и перцем. Готовьте яйца до готовности около 3 минут.
4. Посыпьте хэш нарезанными кубиками бекона и подавайте горячим.

СОВЕТ ПО ИНГРЕДИЕНТАМ. Я покупаю предварительно нарезанные соцветия цветной капусты в Trader Joe's, чтобы сэкономить время на подготовке.

ЯИЧНЫЙ РОЛЛ ИЗ БЕКОНА, ШПИНАТА И АВОКАДО

Однажды утром я планировала приготовить омлет, когда мне в голову пришла идея сделать яичный ролл. Яичная смесь готовится как плоский омлет и выступает в роли блина или тортильи, куда вкладываются другие ингредиенты. Вы можете проявить творческий подход к начинке. В этом рецепте использовала бекон, шпинат и авокадо.

30 МИНУТ

ПОРЦИЙ 2
ПОДГОТОВКА 10 минут
ВРЕМЯ ГОТОВКИ 10 минут

6 ломтиков бекона
2 больших яйца
2 столовые ложки жирных сливок
Розовая соль
Свежемолотый черный перец
1 столовая ложка сливочного масла при необходимости
1 стакан свежего шпината (или любой другой зелени на ваш выбор)
½ авокадо, порезанного ломтиками

В одной партии:
Калории — 672
Жиры — 57 г
Углеводы — 9 г
Чистые углеводы — 4 г
Клетчатка — 5 г
Белок — 33 г

В порции:
Калории — 336
Жиры — 29 г
Углеводы — 5 г
Чистые углеводы — 2 г
Клетчатка — 3 г
Белок — 17 г

1. Примерно 8 минут в средней сковороде на среднем огне обжаривайте бекон с обеих сторон до хрустящей корочки. Переложите его на тарелку, выложенную бумажным полотенцем.
2. В средней миске взбейте яйца и сливки, приправьте розовой солью и перцем.
3. Добавьте половину яичной смеси на сковороду с салом из бекона.
4. Готовьте яичную смесь около 1 минуты или до полного застывания, затем переверните лопаточкой и готовьте с другой стороны в течение 1 минуты.
5. Переложите приготовленную яичную смесь на выложенную бумажным полотенцем тарелку, чтобы впитался лишний жир.
6. Повторите шаги 4 и 5 для другой половины яичной смеси. Если сковорода высохнет, добавьте сливочное масло.
7. Положите приготовленную яичную смесь на каждую из двух подогретых тарелок. Сверху выложите по половине подготовленного свежего шпината, бекона и авокадо.
8. Приправьте розовой солью и перцем и сверните в роллы. Подавайте горячими.

СОВЕТ ПО ЗАМЕНЕ. Вы также можете сделать эти роллы без молока, если не будете использовать жирные сливки. Просто добавьте еще одно яйцо.

ВАРИАНТЫ. Яичные роллы обеспечивают легкую основу для многих различных вкусовых комбинаций:

* Нарезанный римский салат добавляет блюду приятный хруст, хорошо сочетается с традиционным беконом и помидорами.
* Для дополнительной пикантности добавьте в яичную смесь нарезанный кубиками халапеньо или острый соус, а также сосиски и тертый сыр.

РУЛЕТИКИ ИЗ КОПЧЕНОГО ЛОСОСЯ И СЛИВОЧНОГО СЫРА

Рулетики с лососем обычно считаются закуской, но почему бы и не попробовать их сделать на завтрак? На них меня вдохновили бублики с лососем, но это блюдо – без углеводов..

30 МИНУТ
ОДНА КАСТРЮЛЯ
БЕЗ ГОТОВКИ

ПОРЦИЙ 2
ВРЕМЯ 25 минут

115 г сливочного сыра комнатной температуры
1 чайная ложка лимонной цедры
1 чайная ложка дижонской горчицы
2 столовые ложки зеленого лука, белые и зеленые части
Розовая соль
Свежемолотый черный перец
1 пачка лосося холодного копчения (115 г, около 12 ломтиков)

В одной партии:
Калории — 536
Жиры — 44 г
Углеводы — 8 г
Чистые углеводы — 6 г
Клетчатка — 2 г
Белок — 28 г

В порции:
Калории — 268
Жиры — 22 г
Углеводы — 4 г
Чистые углеводы — 3 г
Клетчатка — 1 г
Белок — 14 г

1. Положите сливочный сыр, лимонную цедру, горчицу и зеленый лук в кухонный комбайн или блендер и приправьте розовой солью и перцем. Смешайте до однородной массы.
2. Намажьте смесь из сливочного сыра на каждый ломтик копченого лосося и сверните его. Положите рулетики на тарелку швом вниз.
3. Подавайте сразу жс или поставьте в холодильник, накрыв полиэтиленовой пленкой или поместив в закрытый контейнер, на срок до 3 дней.

СОВЕТ ПО ЗАМЕНЕ. Вы можете заменить нарезанный зеленый лук на свежий укроп или каперсы.

БРЮССЕЛЬСКАЯ КАПУСТА, БЕКОН И ЯЙЦА

Я предполагаю, что раньше вы не ели брюссельскую капусту на завтрак. Я тоже, но теперь я люблю ее есть в любое время суток. Смешанная с яйцами и беконом брюссельская капуста — это идеальный завтрак: здоровый, красивый и очень простой в приготовлении.

30 МИНУТ

ПОРЦИЙ 2
ПОДГОТОВКА 5 минут
ВРЕМЯ ГОТОВКИ 20 минут

225 г помытой, почищенной и порезанной на половинки брюссельской капусты
1 столовая ложка оливкового масла
Розовая соль
Свежемолотый черный перец
Кулинарный спрей (или масло для смазывания)
6 ломтиков бекона, порезанного кубиками
4 больших яйца
Щепотка хлопьев красного перца
2 столовые ложки тертого сыра пармезан

В одной партии:
Калории — 802
Жиры — 57 г
Углеводы — 23 г
Чистые углеводы — 14 г
Клетчатка — 9 г
Белок — 54 г

В порции:
Калории — 401
Жиры — 29 г
Углеводы — 12 г
Чистые углеводы — 7 г
Клетчатка — 5 г
Белок — 27 г

1. Разогрейте духовку до 200° С.
2. В среднюю миску налейте оливковое масло, добавьте половинки брюссельской капусты и приправьте розовой солью и перцем.
3. На противень размером 9 на 13 дюймов (23х33 см) нанесите кулинарный спрей (или сбрызните поверхность маслом).
4. Положите брюссельскую капусту и бекон на противень и запекайте в течение 12 минут.
5. Достаньте противень из духовки, перемешайте брюссельскую капусту и бекон. Ложкой сделайте в смеси 4 лунки.
6. Осторожно разбейте яйцо в каждую лунку.
7. Приправьте яйца розовой солью, черным перцем и хлопьями красного перца.
8. Посыпьте брюссельскую капусту и яйца сыром пармезан.
9. Готовьте в духовке еще 8 минут, или пока яйца не приготовятся по вашему вкусу. Затем можно подавать.

СОВЕТ ПО ЗАМЕНЕ. Сыр пармезан можно заменить на ваши любимые измельченные соленые орехи..

БСП*-САЛАТ НА ЗАВТРАК

Салаты – это не только обед или ужин. Сытный салат может быть удивительным способом начать любой день, к тому же его быстро и легко сделать. Лично я могу съесть сочное яйцо с чем угодно, и если оно смешано со сливочным авокадо и хрустящим беконом – это идеальный способ начать день.

30 МИНУТ

ПОРЦИЙ 2
ПОДГОТОВКА 10 минут
ВРЕМЯ ГОТОВКИ 5 минут

2 больших яйца
130 г органической зелени
2 столовые ложки оливкового масла
Розовая соль
Свежемолотый перец
1 авокадо, порезанный на тонкие ломтики
5 помидоров черри, порезанных пополам
6 ломтиков бекона, приготовленных и порезанных

В одной партии:
Калории — 890
Жиры — 77 г
Углеводы — 36 г
Чистые углеводы — 7 г
Клетчатка — 12 г
Белок — 36 г

В порции:
Калории — 445
Жиры — 39 г
Углеводы — 18 г
Чистые углеводы — 4 г
Клетчатка — 6 г
Белок — 18 г

1. Поставьте на сильный огонь небольшую кастрюлю с водой, доведите до кипения. Положите яйца в кастрюлю, убавьте огонь до среднего и готовьте около 6 минут.
2. Пока варятся яйца, смешайте зелень с оливковым маслом и приправьте розовой солью и перцем. Разделите заправленную зелень на две миски.
3. Поверх зелени выложите ломтики авокадо, помидоры и бекон.
4. Когда яйца будут готовы, очистите их, разрежьте пополам и положите обе половинки на каждую порцию салата. Приправьте розовой солью и перцем и подавайте.

СОВЕТ ПО ЗАМЕНЕ. Свежий шпинат или свежая капуста кале, очищенная от черешка и стеблей и смешенная с оливковым маслом для смягчения, также будет вкусной основой для этого салата.

* От англ. BLT – bacon, lettuce and tomato – бекон, салат и помидоры (*прим. ред.*).

СЫРНО-ЯИЧНЫЕ ГНЕЗДА СО ШПИНАТОМ

Сырно-яичные гнезда — один из самых простых, но наиболее визуально впечатляющих завтраков, которые вы можете приготовить. В сковороде окружите яйца-глазуньи сыром, чтобы соединить хрустящий край сыра с липким яичным желтком. Я украсила гнездо авокадо, шпинатом и сыром пармезан для восхитительной смеси вкуса и текстуры.

30 МИНУТ
ОДНА СКОВОРОДА
ВЕГЕТАРИАНСКОЕ

ПОРЦИЙ 1
ПОДГОТОВКА 5 минут
ВРЕМЯ ГОТОВКИ 10 минут

1 столовая ложка оливкового масла
2 больших яйца
Розовая соль
Свежемолотый черный перец
½ чашки тертого сыра моцарелла
½ авокадо, порезанного кубиками
¼ чашки свежего порезанного шпината
1 столовая ложка тертого сыра пармезан

В ПОРЦИИ:
Калории — 563
Жиры — 46 г
Углеводы — 9 г
Чистые углеводы — 4 г
Клетчатка — 5 г
Белок — 31 г

1. В средней сковороде на среднем огне разогрейте оливковое масло.
2. Разбейте яйца на сковороду рядом друг с другом.
3. Приправьте яйца розовой солью и перцем.
4. Когда яичные белки начнут застывать, примерно через 2 минуты по всему периметру яиц уложите моцареллу.
5. Добавьте парезанный кубиками авокадо и нашинкованный шпинат к сырному «гнезду».
6. Посыпьте яйца и гнездо сыром пармезан.
7. Готовьте 7–10 минут, пока края сыра моцарелла не начнут подрумяниваться и не станут хрустящими.
8. Переложите на теплую тарелку и наслаждайтесь!

СОВЕТ ПО ЗАМЕНЕ. Вместо шпината можно использовать свежую плосколистную итальянскую петрушку.

КАПУСТНО-АВОКАДНАЯ ПОДЖАРКА С ЯЙЦОМ

В этом блюде на сковороде используются грибы и капуста, чтобы обеспечить здоровую основу для полезных жиров из яиц и авокадо. Блюда из яиц на одной сковороде – мои любимые, потому что мне нравится, как все ароматы соединяются вместе. Использование низкоуглеводных овощей вместо овощей с высоким содержанием крахмала подарит вам питательное и легкое начало вашего дня.

30 МИНУТ
ВЕГЕТАРИАНСКОЕ

ПОРЦИЙ 2
ПОДГОТОВКА 5 минут
ВРЕМЯ ГОТОВКИ 10 минут

2 столовые ложки оливкового масла, добавлять частями
2 чашки грибов, порезанных ломтиками
130 г свежей капусты, очищенной от кочерыжки и тонко нашинкованной
1 авокадо, порезанный ломтиками
4 больших яйца
Розовая соль
Свежемолотый черный перец

В одной партии:
Калории — 813
Жиры — 68 г
Углеводы — 26 г
Чистые углеводы — 12 г
Клетчатка — 13 г
Белок — 35 г

В порции:
Калории — 407
Жиры — 34 г
Углеводы — 13 г
Чистые углеводы — 6 г
Клетчатка — 7 г
Белок — 18 г

1. В большой сковороде на среднем огне разогрейте 1 столовую ложку оливкового масла.
2. Добавьте грибы в кастрюлю и обжаривайте около 3 минут.
3. В средней миске замешайте капусту с оставшейся 1 столовой ложкой оливкового масла в течение 1–2 минут, чтобы ее смягчить. Добавьте капусту на сковороду поверх грибов, затем положите ломтики авокадо поверх капусты.
4. Используя ложку, создайте 4 лунки для яиц. Разбейте по одному яйцу в каждую лунку. Приправьте яйца и капусту розовой солью и перцем.
5. Накройте сковороду крышкой и готовьте около 5 минут, или пока яйца не достигнут желаемой степени готовности.
6. Подавайте горячим.

СОВЕТ ПО ЗАМЕНЕ. Если хотите, вы можете добавить спаржу, помидоры или другой кетоориентированный овощ к капусте.

УТРЕННИЙ БУРГЕР С ЯЙЦОМ

Гамбургер на завтрак – это просто, весело и немного по-бунтарски. И все знают, что мягкое яйцо делает любой бургер лучше! Яйца, выращенные в натуральных условиях, от Vital Farms – мои любимые яйца. Этот бургер увенчан хрустящим беконом, плавленым сыром чеддер и пряным майонезом шрирача (стр. 171). Все, что нужно для идеального завтрака. Если у меня не нет в холодильнике майонеза шрирача, то тогда использую острый красный перец от Miso Mayo, который не содержит молока.

30 МИНУТ
ОДНА СКОВОРОДА

ПОРЦИЙ 2
ПОДГОТОВКА 5 минут
ВРЕМЯ ГОТОВКИ 15 минут

4 ломтика бекона
175 г говяжьего фарша
Розовая соль
Свежемолотый черный перец
2 столовые ложки сливочного масла
2 больших яйца
2 ломтика сыра чеддер
1 столовая ложка соуса шрирача (стр. 171)

В одной партии:
Калории — 1155
Жиры — 95 г
Углеводы — 3 г
Чистые углеводы — 3 г
Клетчатка — 0 г
Белок — 68 г

В порции:
Калории — 578
Жиры — 48 г
Углеводы — 2 г
Чистые углеводы — 2 г
Клетчатка — 0 г
Белок — 34 г

1. В большой сковороде на среднем огне в течение 8 минут обжаривайте бекон с обеих сторон до хрустящей корочки. Переложите бекон на тарелку, выложенную бумажным полотенцем.
2. Сформируйте две котлеты из говяжьего фарша. Используйте маленький стакан или формочку для печенья, чтобы вырезать у каждого середину (как у пончика). Возьмите вырезанное мясо и добавьте его к краям двух котлет. Приправьте розовой солью и перцем.
3. В сковороде, все еще стоящей на среднем огне, растопите сливочное масло. Выложите котлеты для бургеров, готовьте первую сторону в течение 2 минут, а затем переверните.
4. Разбейте яйцо в середину каждого бургера и готовьте, пока белки не застынут, от 1 до 2 минут. Приправьте яйца розовой солью и перцем.
5. Сверху на каждое яйцо положите 1 ломтик сыра чеддер, выключите огонь и накройте сковороду крышкой, чтобы сыр растаял, примерно на 2 минуты.
6. Переложите гамбургеры на две тарелки, сверху положите по два ломтика бекона и немного майонеза шрирача и подавайте на стол.

СОВЕТ ПО ЗАМЕНЕ. Вы можете заменить сыр чеддер на авокадо и на сливочное масло с оливковым маслом, если вы не едите молочные продукты.

БЛИНЧИКИ ИЛИ ВАФЛИ ИЗ СЛИВОЧНОГО СЫРА И КОКОСОВОЙ МУКИ

Я поэкспериментировала с несколькими рецептами блинчиков из сливочного сыра, прежде чем остановиться на этом. Эти блинчики отличаются настоящим вкусом пышных блинов. Вы можете готовить блинное тесто на обычной сковороде, на блинной или даже в вафельнице.

30 МИНУТ
ВЕГЕТАРИАНСКОЕ

ПОРЦИЙ 2 (6 блинов, 3 вафли)
ПОДГОТОВКА 5 минут
ВРЕМЯ ГОТОВКИ 10 минут

4 больших яйца
115 г сливочного сыра комнатной температуры
1 чайная ложка жидкой стевии
1 ½ чайной ложки разрыхлителя
4 столовые ложки кокосовой муки
4 столовые ложки сливочного масла, добавлять частями
Кулинарный спрей (для вафель)

В одной партии:
Калории — 1208
Жиры — 109 г
Углеводы — 26 г
Чистые углеводы — 16 г
Клетчатка — 10 г
Белок — 36 г

В порции:
Калории — 604
Жиры — 55 г
Углеводы — 13 г
Чистые углеводы — 8 г
Клетчатка — 5 г
Белок — 18 г

ГОТОВИМ БЛИНЫ

1. В кухонном комбайне (или блендере) смешайте яйца, сливочный сыр, стевию, разрыхлитель и кокосовую муку до однородной массы.
2. При желании можно что-то добавить (см. Варианты).
3. В большой сковороде на среднем огне растопите 2 столовые ложки сливочного масла, поворачивая сковороду, чтобы равномерно распределить его по дну сковороды.
4. Налейте тесто в сковороду порциями по ¼ стакана для 8 (10-сантиметровых) блинов.
5. Блины будут становиться пышнее, когда придет время их перевернуть, примерно через 2 минуты. (На самом деле в них не будет пузырьков воздуха как в обычных блинах, но все же будут.) Готовьте еще около 1 минуты, пока не подрумянится внизу.
6. Повторите с оставшимися 2 столовыми ложками сливочного масла для оставшегося теста.
7. Подавать горячими.

ГОТОВИМ ВАФЛИ

1. Разогрейте закрытую вафельницу до тех пор, пока она не разогреется на среднем огне.
2. В кухонном комбайне (или блендере) смешайте яйца, сливочный сыр, стевию, разрыхлитель и кокосовую муку до однородной массы.
3. При желании добавьте что-то еще (см. Варианты).
4. Откройте вафельницу и обработайте сверху и снизу кулинарным спреем.
5. Влейте тесто в три порции, чтобы не совсем покрыть поверхность вафельницы; не позволяйте тесту дойти до краев, иначе оно выльется, когда будет готовиться.
6. Вафли приготовлены, когда они перестают дымиться, слегка подрумянятся и станут хрустящими. Время приготовления зависит от вашей вафельницы.
7. Подавать горячими.

БЛИНЧИКИ ИЛИ ВАФЛИ ИЗ СЛИВОЧНОГО СЫРА И КОКОСОВОЙ МУКИ (продолжение)

ВАРИАНТЫ

Используйте один или несколько следующих вариантов, чтобы усовершенствовать блины или вафли для поистине сказочного лакомства:

* 2 чайные ложки ванильного экстракта и корица для посыпки. Я добавляю их каждый раз, когда делаю эту смесь для блинов и вафель. Я люблю молотую корицу, поэтому добавляю около 1 чайной ложки, но вы можете добавить сколько захотите.
* Шоколадные чипсы без сахара от Lily's.
* Ягоды: ежевика и малина имеют самое низкое содержание углеводов.
* Измельчите ½ стакана свиных шкварок и добавьте их в смесь. Звучит немного странно, правда? Но это вкусно, и свиные шкварки придают тесту немного больше солености и хрустят, что особенно приятно в вафлях.
* Добавьте 1–2 столовые ложки вашего любимого орехового масла в смесь, чтобы придать вашим блинам неповторимый вкус. У таких брендов, как Legendary Foods или Buff Bake есть особо вкусные масла.
* Сироп: я использую безкалорийный блинный сироп от Walden Farms. У них есть черничный, который мне тоже нравится. Я нагреваю сироп с 1 столовой ложкой сливочного масла, чтобы добавить некоторую насыщенность. Иногда я даже смешиваю клен и чернику вместе – вкуснятина! Однако, я думаю, теплый сироп в тысячу раз лучше холодного. Я нагреваю его в маленькой кастрюльке на медленном огне.

БЛИННЫЙ «ТОРТ»

Блины без бдения над сковородкой, чтобы перевернуть? Сейчас расскажу! В этом рецепте используется мой рецепт блинчиков из сливочного сыра и кокосовой муки (стр. 42), но в большем количестве и приготовленных в духовке. В результате получается легкий, пышный блинный «торт», который можно сверху смазать сливочным маслом и низкоуглеводным сиропом. Если вы хотите добавить дополнительные приправы или ингредиенты, смотрите варианты на стр. 43.

30 МИНУТ
ВЕГЕТАРИАНСКОЕ

ПОРЦИЙ 4
ПОДГОТОВКА 5 минут
ВРЕМЯ ГОТОВКИ 20 минут

4 столовые ложки сливочного масла, и еще для сковородки и для верхней поверхности торта
8 больших яиц
225 г сливочного сыра комнатной температуры
4 чайные ложки жидкой стевии
3 чайные ложки разрыхлителя
½ чашки кокосовой муки

В одной партии:
Калории — 2009
Жиры — 172 г
Углеводы — 51 г
Чистые углеводы — 31 г
Клетчатка — 20 г
Белок — 72 г

В порции:
Калории — 502
Жиры — 43 г
Углеводы — 13 г
Чистые углеводы — 8 г
Клетчатка — 5 г
Белок — 18 г

1. Разогрейте духовку до 220° С. Смажьте маслом противень размером 9 на 13 дюймов (23х33 см).
2. В кухонном комбайне (или блендере) смешайте яйца, сливочный сыр, стевию, разрыхлитель и кокосовую муку до однородной массы.
3. При желании можно добавить что-то еще (см. Варианты, стр. 43).
4. Распределите 4 столовые ложки сливочного масла на подготовленном противне.
5. Поставьте противень в духовку на 2–3 минуты, чтобы растопить сливочное масло. Пусть масло пузырится, но убедитесь, что оно не становится коричневым и не горит. Выньте противень из духовки.
6. Вылейте тесто на противень.
7. Выпекайте около 15 минут, или пока нож для чистки овощей, воткнутый в центр торта, не останется чистым.
8. Переложите торт на охлаждающую решетку и растопите еще несколько столовых ложек сливочного масла, если пожелаете.
9. Блинный «торт» разрежьте на 4 части и подавайте теплым.

СОВЕТ ПО ИНГРЕДИЕНТАМ. Несмотря ни на что, я всегда добавляю 2 чайные ложки ванильного экстракта и 2 чайные ложки молотой корицы в свой торт.

УТРЕННЯЯ КЕСАДИЛЬЯ

Моя дочь очень любит кесадильи на завтрак. Если ей позволить, она будет есть их каждый божий день, но обычно я готовлю их раз в неделю. Вы можете использовать яичницу-болтунью, но я предпочитаю использовать глазунью, поэтому в середине будет немного липкого яичного желтка. Для этого рецепта я использую цельнозерновые низкоуглеводные тортильи Mission, с 4 чистыми углеводами на тортилью.

30 МИНУТ
ОДНА СКОВОРОДА

ПОРЦИЙ 2
ПОДГОТОВКА 5 минут
ВРЕМЯ ГОТОВКИ 20 минут

2 ломтика бекона
2 больших яйца
Розовая соль
Свежемолотый черный перец
1 столовая ложка оливкового масла
2 тортильи с низким содержанием углеводов
1 стакан смеси тертых мексиканских сыров, добавлять частями
½ авокадо, порезанного на тонкие ломтики

В одной партии:
Калории — 1138
Жиры — 82 г
Углеводы — 53 г
Чистые углеводы — 18 г
Клетчатка — 35 г
Белок — 54 г

В порции:
Калории — 569
Жиры — 41 г
Углеводы — 27 г
Чистые углеводы — 9 г
Клетчатка — 18 г
Белок — 27 г

1. В средней сковороде на среднем огне обжаривайте бекон с обеих сторон до хрустящей корочки в течение 8 минут. Переложите бекон на выложенную бумажным полотенцем тарелку, слейте воду и дайте 5 минут остыть. Переложите бекон на разделочную доску и нарежьте.
2. Убавьте огонь до среднего и разбейте яйца на горячую сковороду с беконом. Приправьте розовой солью и перцем.
3. Готовьте яйца в течение 3–4 минут, пока яичные белки не застынут. Если вы хотите, чтобы желтки застыли, вы можете готовить их дольше. Переложите приготовленыее яйца на тарелку.
4. Налейте оливковое масло в горячую сковороду. Положите первую тортилью на сковороду.
5. Добавьте ½ стакана сыра, положите ломтики авокадо на сыр по кругу, сверху положите оба жареных яйца, нарезанный бекон и оставшиеся ½ стакана сыра и накройте второй лепешкой.
6. После того, как сыр начнет плавиться и низ лепешки станет золотистым, примерно через 3 минуты, переверните кесадилью. Готовьте около 2 минут со второй стороны, пока другая сторона не станет золотистого цвета.
7. Разрежьте кесадилью на кусочки ножом для пиццы или поварским ножом и подавайте на стол.

СОВЕТ ПО ЗАМЕНЕ. Если у вас есть смесь приправ Tajín, вы можете использовать ее вместо розовой соли и перца.

МАФФИНЫ СО СЛИВОЧНЫМ СЫРОМ

Я придумала этот рецепт по счастливой случайности. Я намеревалась сделать сметанные маффины, но у меня закончилась сметана, поэтому я решила заменить ее на сливочный сыр, смешанный с жирными сливками. Они оказались настолько вкусными, что с тех пор я частенько готовлю по этому рецепту.

30 МИНУТ
ВЕГЕТАРИАНСКОЕ

Сделайте 6 маффинов
ПОДГОТОВКА 10 минут
ВРЕМЯ ГОТОВКИ 10 минут

4 столовые ложки растопленного сливочного масла и масло для смазывания формочек
1 стакан миндальной муки
¾ столовой ложки разрыхлителя
2 слегка взбитых больших яйца
60 г сливочного сыра, смешанного с 2 столовыми ложками жирных сливок
Горсть смеси тертых мексиканских сыров

В одной партии:
Калории — 1483
Жиры — 139 г
Углеводы — 34 г
Чистые углеводы — 22 г
Клетчатка — 12 г
Белок — 54 г

В порции:
Калории — 247
Жиры — 23 г
Углеводы — 6 г
Чистые углеводы — 4 г
Клетчатка — 2 г
Белок — 8 г

1. Разогрейте духовку до 200° С. Смажьте маслом шесть формочек для кексов.
2. В небольшой миске смешайте миндальную муку и разрыхлитель.
3. В средней миске смешайте яйца, смесь из сливочного сыра и жирных сливок, тертый сыр и 4 столовые ложки растопленного сливочного масла.
4. Вылейте получившуюся смесь в яичную и взбейте ручным миксером до однородной массы.
5. Вылейте тесто в подготовленные формочки.
6. Запекайте в течение 12 минут или до золотистого цвета сверху и подавайте.

СОВЕТ ПО ЗАМЕНЕ. Вы можете использовать небланшированную миндальную муку вместо бланшированной. Смесь просто будет более текстурной, потому что небланшированная мука будет менее очищенной.

ГЛАВА ТРЕТЬЯ

СЫТНЫЕ СУПЫ И САЛАТЫ

Когда вы находитесь на кетогенной диете, салаты могут стать вашими любимыми блюдами. Вы просто должны знать, на что обращать внимание. Многие ресторанные салаты или фасованные салаты насыщены сахаром. Иногда этот сахар поступает в виде фруктов с высоким содержанием сахара или сухофруктов, а иногда – в виде сладкой заправки или засахаренных орехов. Придерживайтесь большого количества зелени, полезных жиров, низкоуглеводных овощей, орехов с высоким содержанием жиров и низкоуглеводных заправок. Эти пять ингредиентов действительно наполнят ваши салаты оптимальным количеством вкуса и питательных веществ.

Что касается супов, то есть много вариантов для человека, придерживающегося кетодиеты: если вы ищете что-то душевное и сытное, выбирайте супы на основе сливок, сыра и цветной капусты. В этой главе я готовлю сливочный суп из помидоров и базилика – его я варила еще во времена, которые называю «ДК» (до кето), и я до сих пор люблю его. Он простой и вкусный.

ТОМАТНО-БАЗИЛИКОВЫЙ КРЕМ-СУП

Когда я прихожу в гости к моим родителям, они всегда просят меня приготовить этот суп. Суп такой свежий и сливочный, что вам больше никогда не захочется есть суп из консервной банки.

30 МИНУТ
ВЕГЕТАРИАНСКОЕ

ПОРЦИЙ 4
ПОДГОТОВКА 5 минут
ВРЕМЯ ГОТОВКИ 15 минут

1 банка (410 г) нарезанных кубиками помидоров (я использую органические томаты с итальянскими специями от Muir Glen)
60 г сливочного сыра
¼ чашки жирных сливок
4 столовые ложки сливочного масла
¼ чашки нарезанных свежих листьев базилика
Розовая соль
Свежемолотый черный перец

В одной партии:
Калории — 957
Жиры — 87 г
Углеводы — 36 г
Чистые углеводы — 29 г
Клетчатка — 6 г
Белок — 12 г

В порции:
Калории — 239
Жиры — 22 г
Углеводы — 9 г
Чистые углеводы — 7 г
Клетчатка — 2 г
Белок — 3 г

1. Перелейте помидоры с соком в кухонный комбайн (или блендер) и сделайте пюре.
2. В течение 10 минут в средней кастрюле на среднем огне готовьте помидоры, сливочный сыр, густые сливки и сливочное масло, периодически помешивая, пока все не растопится и тщательно нс смешается.
3. Добавьте базилик, приправьте розовой солью и перцем. Продолжайте помешивать еще 5 минут, пока не получится полностью однородная масса. Если хотите, вы также можете использовать погружной блендер, чтобы придать супу более кремовую консистенцию.
4. Налейте суп в две миски и подавайте.

СОВЕТ ПО ИНГРЕДИЕНТАМ. Вы также можете использовать простые, неприправленные, нарезанные кубиками помидоры, но я предпочитаю более вкусные томаты с итальянскими специями.

СУП ИЗ БРОККОЛИ И СЫРА

Когда температура в Лос-Анджелесе опускается ниже 16°C, я всегда жажду сытного супа. Суп из брокколи и сыра – один из тех кетоидеальных супов, которые складываются в полноценное блюдо. Вкусно и очень сытно.

30 МИНУТ
ОДНА КАСТРЮЛЯ
ВЕГЕТАРИАНСКОЕ

ПОРЦИЙ 4
ПОДГОТОВКА 5 минут
ВРЕМЯ ГОТОВКИ 20 минут

2 столовые ложки сливочного масла
1 стакан мелко нарезанных соцветий брокколи
1 стакан жирных сливок
1 стакан куриного или овощного бульона
Розовая соль
Свежемолотый перец
1 стакан тертого сыра, часть оставьте для посыпки (я использую острый чеддер)

В одной партии:
Калории — 1533
Жиры — 149 г
Углеводы — 17 г
Чистые углеводы — 15 г
Клетчатка — 2 г
Белок — 40 г

В порции:
Калории — 383
Жиры — 37 г
Углеводы — 4 г
Чистые углеводы — 4 г
Клетчатка — 1 г
Белок — 10 г

1. В средней кастрюле на среднем огне растопите сливочное масло.
2. Добавьте брокколи и обжаривайте около 5 минут на сливочном масле до готовности.
3. Добавьте сливки и куриный бульон, постоянно помешивая. Приправьте розовой солью и перцем. Готовьте, периодически помешивая, 10–15 минут, пока суп не загустеет.
4. Убавьте огонь до минимума и начните добавлять измельченный сыр. Приберегите небольшую горсть сыра для украшения супа. (Не добавляйте весь сыр сразу, иначе он может слипнуться.) Добавляйте по чуть-чуть, медленно и постоянно помешивая.
5. Налейте суп в две миски, посыпьте оставшимся сыром и подавайте.

СОВЕТ ПО ИНГРЕДИЕНТАМ. Если вы предпочитаете более мягкую текстуру, вы можете использовать погружной блендер, чтобы измельчить суп, прежде чем добавлять сыр.

ВАРИАНТЫ. Этот суп – сливочная, вкусная основа для дополнительных вкусов и текстур:

* Если вы любите суп с пикантным вкусом, можете добавить ¼ чайной ложки хлопьев красного перца.
* Для дополнительного вкуса, когда вы кладете брокколи, также можете добавить 1 измельченный зубчик чеснока и ¼ луковицы, нарезанной кубиками.
* Поджаренный бекон (2 ломтика) станет вкусной начинкой. Посыпьте им суп.

СЫРНЫЙ СУП ИЗ ЦВЕТНОЙ КАПУСТЫ

Цветную капусту можно использовать, казалось бы, в чем угодно. Суп – не исключение. Это кетовариант картофельного супа, без всех этих углеводов.

30 МИНУТ
ОДНА КАСТРЮЛЯ

ПОРЦИЙ 4
ПОДГОТОВКА 5 минут
ВРЕМЯ ГОТОВКИ 20 минут

1 столовая ложка сливочного масла
½ нашинкованного лука
2 стакана тертой цветной капусты или риса из цветной капусты (я покупаю рис в Trader Joe's)
1 стакан куриного бульона
60 г сливочного сыра
1 стакан жирных сливок
Розовая соль
Свежемолотый черный перец
½ стакана тертого чеддера (я использую острый чеддер)

В одной партии:
Калории — 1486
Жиры: 140г Углеводы — 34г
Чистые углеводы — 24г Клетчатка — 10г Белок — 34г

В порции:
Калории — 372
Жиры — 35 г
Углеводы — 9 г
Чистые углеводы — 6 г
Клетчатка — 3 г
Белок — 9 г

1. В средней кастрюле на среднем огне растопите сливочное масло. Добавьте лук и готовьте, периодически помешивая, до готовности, около 5 минут.
2. Добавьте цветную капусту и куриный бульон и дайте смеси закипеть, периодически помешивая.
3. Уменьшите огонь до среднего и тушите, пока цветная капуста не станет достаточно мягкой, чтобы ее можно было размять, около 10 минут.
4. Добавьте сливочный сыр и разомните смесь.
5. Добавьте сливки и сделайте пюре погружным блендером (или вы можете вылить суп в блендер, смешать его, а затем вылить его обратно в кастрюлю, чтобы немного разогреть).
6. Приправьте суп розовой солью и перцем.
7. Налейте суп в две миски, сверху выложите тертый сыр чеддер и подавайте на стол.

СОВЕТ ПО ИНГРЕДИЕНТАМ. Вы можете использовать соцветия цветной капусты вместо риса из цветной капусты, но вам нужно будет кипятить смесь дольше, прежде чем размять ее, от 15 до 20 минут. Для вегетарианского супа вы также можете использовать овощной бульон вместо куриного.

ВАРИАНТЫ. Как и в любом крем-супе, добавленные сверху хрустящие ингредиенты могут дать прекрасный контраст:
* Добавьте в суп вместе с сыром крошеный бекон и мелко нарезанный зеленый лук.
* Добавьте острый соус для дополнительного удовольствия.

СУП ТАКО*

Этот суп имеет приятный вкус благодаря приправе тако, смешанной с помидорами. Основа кремовая и насыщенная. Он настолько сытный, что вы даже можете сделать несколько чипсов из низкоуглеводных тортилий и макать их в эту восхитительную смесь. Поджаренный говяжий фарш придаст супу дополнительный вкус.

ПОРЦИЙ 4
ПОДГОТОВКА 5 минут
ВРЕМЯ ГОТОВКИ 4 часа 10 минут

455 г говяжьего фарша
Розовая соль
Свежемолотый черный перец
2 чашки говяжьего бульона (я использую костный бульон от Kettle & Fire)
1 банка (280 г) нарезанных кубиками помидоров (я использую Rotel)
1 столовая ложка специй для тако
225 г сливочного сыра

В одной партии:
Калории — 1689
Жиры — 132 г
Углеводы — 22 г
Чистые углеводы — 19 г
Клетчатка — 3 г
Белок — 99 г

В порции:
Калории — 422
Жиры — 33 г
Углеводы — 6 г
Чистые углеводы — 5 г
Клетчатка — 1 г
Белок — 25 г

1. Разогрейте мультиварку до минимума.
2. На плите, в средней сковороде на среднем огне, обжаривайте фарш до румяной корочки около 8 минут, приправьте розовой солью и перцем.
3. Добавьте в мультиварку говяжий фарш, говяжий бульон, помидоры, приправу для тако и сливочный сыр.
4. Накройте крышкой и готовьте на слабом огне 4 часа, периодически помешивая.
5. Разлейте в две миски и подавайте.

СОВЕТ ПО ИНГРЕДИЕНТАМ. Вместо говяжьего фарша можно использовать пряную колбасу.

* Тако – традиционное мексиканское блюдо. Состоит из кукурузной или пшеничной тортильи (лепешки) с начинкой.

СУП ИЗ КРЕВЕТОК С КАРРИ ИЗ КОКОСА И ЦВЕТНОЙ КАПУСТЫ

Азиатские вкусы в этом блюде работают на всех уровнях: есть пряность красной пасты карри наряду с кремовым жиром кокосового молока. А завершают блюдо сочные креветки и свежая кинза.

ОДНА КАСТРЮЛЯ

ПОРЦИЙ 4
ПОДГОТОВКА 5 минут
ВРЕМЯ ГОТОВКИ 2 часа 15 минут

235 мл воды
1 банка (380 г) несладкого необезжиренного кокосового молока
2 стакана тертой цветной капусты или риса из цветной капусты (я покупаю рис в Trader Joe's)
2 столовые ложки красной пасты карри
2 столовые ложки нарезанных свежих листьев кинзы, добавлять частями
Розовая соль
Свежемолотый черный перец
1 стакан креветок (я использую замороженные креветки средней готовности с хвостом, очищенные от панциря, от Trader Joe's)

В одной партии:
Калории — 1074
Жиры — 85 г
Углеводы — 31 г
Чистые углеводы — 18 г
Клетчатка — 13 г
Белок — 64 г

В порции:
Калории — 269
Жиры — 21 г
Углеводы — 8 г
Чистые углеводы — 5 г
Клетчатка — 3 г
Белок — 16 г

1. Включите мультиварку нагреваться до максимума.
2. Добавьте воду, кокосовое молоко, очищенный цветной перец, красную пасту карри и 1 столовую ложку нарезанной кинзы, приправьте розовой солью и перцем. Перемешайте.
3. Накройте крышкой и варите на сильном огне в течение 2 часов.
4. Приправьте креветки розовой солью и перцем, добавьте их в мультиварку и перемешайте. Готовьте еще 15 минут.
5. Разлейте суп в две миски, посыпьте нарезанной кинзой и подавайте на стол.

СОВЕТ ПО ИНГРЕДИЕНТАМ. Вы также можете приготовить этот суп с готовой измельченной куриной грудкой.

САЛАТ ИЗ ЖАРЕНОЙ БРЮССЕЛЬСКОЙ КАПУСТЫ С ПАРМЕЗАНОМ

Разница между этим блюдом и большинством других блюд из жареной брюссельской капусты заключается в том, что здесь мы используем только листья капусты, что делает блюдо очень легким. Фундук не тот ингредиент, что я часто использую, но он действительно играет главную роль в этом салате.

30 МИНУТ
ВЕГЕТАРИАНСКОЕ

ПОРЦИЙ 2
ПОДГОТОВКА 10 минут
ВРЕМЯ ГОТОВКИ 15 минут

455 г брюссельской капусты
1 столовая ложка оливкового масла
Розовая соль
Свежемолотый перец
¼ чашки тертого сыра пармезан
¼ стакана цельного фундука без кожицы

В одной партии:
Калории — 573
Жиры — 37 г
Углеводы — 46 г
Чистые углеводы — 26 г
Клетчатка — 20 г
Белок — 27 г

В порции:
Калории — 247
Жиры — 19 г
Углеводы — 23 г
Чистые углеводы — 13 г
Клетчатка — 10 г
Белок — 14 г

1. Разогрейте духовку до 180°C. Выстелите противень силиконовым кулинарным ковриком или пергаментной бумагой.
2. Отделите попку и сердцевину от каждой брюссельской капусты небольшим ножом. Это позволит отделить листья. (Вы можете оставить сердцевины, чтобы поджарить потом, если хотите.)
3. Положите листья в среднюю миску. Можете руками полностью освободить все листья.
4. Перемешайте листья с оливковым маслом и приправьте розовой солью и перцем.
5. Разложите листья в один слой на противне. Жарьте 10–15 минут или до тех пор, пока они не станут слегка подрумяненными и хрустящими.
6. Выложите обжаренные листья брюссельской капусты на две тарелки, сверху добавьте порезанный сыр пармезан и фундук. Подавайте на стол.

СОВЕТ ПО ЗАМЕНЕ. Если у вас нет фундука, можете использовать рубленый миндаль.

БСП*-САЛАТ

Для меня хрустящий ломтик салата айсберг, дополненный заправкой с кусочками голубого сыра, сам по себе восхитителен. Но что если вы добавите сочные помидоры черри и хрустящий бекон? Это просто идеально.

30 МИНУТ
ОДНЯ СКОВОРОДА

ПОРЦИЙ 2
ПОДГОТОВКА 10 минут
ВРЕМЯ ГОТОВКИ 10 минут

4 ломтика бекона
½ кочана салата айсберг, порезанного пополам
2 столовые ложки салатной заправки с голубым сыром (я использую заправку с кусочками блю-чиз от Trader Joe's)
¼ чашки кусочков голубого сыра
½ чашки помидоров черри, порезанных пополам

В одной партии:
Калории — 555
Жиры — 40 г
Углеводы — 18 г
Чистые углеводы — 13 г
Клетчатка — 6 г
Белок — 30 г

В порции:
Калории — 278
Жиры — 20 г
Углеводы — 9 г
Чистые углеводы — 7 г
Клетчатка — 3 г
Белок — 15 г

1. В большой сковороде на среднем огне обжаривайте бекон с обеих сторон до хрустящей корочки около 8 минут. Переложите бекон на выложенную бумажным полотенцем тарелку, чтобы он стал сухим, и остужайте в течение 5 минут. Переложите бекон на разделочную доску и нарежьте.
2. Положите листья салата на две тарелки. Сверху положите половину заправки из голубого сыра, дробленый голубой сыр, половинки помидоров черри и нарезанный бекон. Подавайте на стол.

СОВЕТ ПО ИНГРЕДИЕНТАМ. Если у вас есть гриль, вы можете сбрызнуть каждый из ваших ломтиков салата 1 столовой ложкой оливкового масла, приправить розовой солью и перцем и жарить каждую сторону в течение примерно 1 минуты, чтобы добавить немного аромата дыма. Затем заправьте листья салата в соответствии с инструкцией.

* От англ. BLT – bacon, lettuce and tomato – бекон, салат и помидоры (*прим. ред.*).

МЕКСИКАНСКИЙ ЯИЧНЫЙ САЛАТ

Я всегда была большим поклонником яичного салата. Он отличная основа для экспериментов с различными вкусами и текстурами. В этой версии салата из яиц с авокадо для яркого вкуса мы добавим свежую кинзу и нарезанный кубиками халапеньо. И затем ради хрустящей текстуры положим яичный салат на сырные чипсы! Для дополнительной изюминки добавьте в яичный салат ½ чайной ложки соли с приправой Tajin и сок ½ лайма.

30 МИНУТ
ВЕГЕТАРИАНСКОЕ

ПОРЦИЙ 2
ПОДГОТОВКА 15 минут
ВРЕМЯ ГОТОВКИ 10 минут

ДЛЯ ЯИЦ ВКРУТУЮ

4 больших яйца

ДЛЯ СЫРНЫХ ЧИПСОВ

½ чашки тертого сыра (я использую мексиканскую смесь), добавлять частями

ДЛЯ МЕКСИКАНСКОГО ЯИЧНОГО САЛАТА

1 халапеньо
1 авокадо, разрезанный пополам
Розовая соль
Свежемолотый черный перец
2 столовые ложки нарезанной свежей кинзы

В одной партии:
Калории — 718
Жиры — 57 г
Углеводы — 15 г
Чистые углеводы — 6 г
Клетчатка — 10 г
Белок — 41 г

В порции:
Калории — 359
Жиры — 29 г
Углеводы — 8 г
Чистые углеводы — 3 г
Клетчатка — 5 г
Белок — 21 г

1. Разогрейте духовку до 180°С.
2. Выстелите противень пергаментной бумагой или силиконовым ковриком для выпечки.

ГОТОВИМ ЯЙЦА ВКРУТУЮ

1. Положите яйца в среднюю кастрюлю и залейте водой. Поставьте на сильный огонь и доведите воду до кипения. Как только она закипит, выключите огонь, накройте крышкой и оставьте на конфорке на 10–12 минут.
2. С помощью шумовки выньте яйца из кастрюли и опустите их в холодную воду на 1 минуту или погрузите в ледяную ванночку.
3. Осторожно постучите по скорлупе и очистите ее. (Мне нравится, когда на руки льется холодная вода во время чистки яиц.)

ГОТОВИМ СЫРНЫЕ ЧИПСЫ

1. Пока варятся яйца, положите на подготовленный противень 2 (1/4 стакана) горки тертого сыра и выпекайте около 7 минут, или пока края не станут подрумяниваться, а середина полностью не расплавится.
2. Выньте сырные чипсы из духовки и дайте им остыть в течение 5 минут. Они будут мягкими, когда вы их вытащите, но станут хрустящими, когда остынут.

ГОТОВИМ МЕКСИКАНСКИЙ ЯИЧНЫЙ САЛАТ

1. В средней миске нарубите сваренные вкрутую яйца.
2. Отрежьте черенок у халапеньо, разрежьте, уберите семена, нарежьте кубиками и добавьте к яйцам.
3. Разомните авокадо вилкой. Приправьте розовой солью и перцем. Добавьте к яйцам авокадо и кинзу и перемешайте.
4. Выложите сырные чипсы на две тарелки, сверху выложите яичный салат и подавайте на стол.

САЛАТ ИЗ КАПУСТЫ С ГОЛУБЫМ СЫРОМ И БЕКОНОМ

Я люблю разминать салат из кейла. В размятых с оливковым маслом листьях разрушаются волокна, и зелень становится более нежной и легкой для переваривания. Добавьте к кейлу бекон, кусочки голубого сыра и орехи пекан, и вот — питательный салат, насыщенный уникальными вкусами и текстурой.

30 МИНУТ

ПОРЦИЙ 2
ПОДГОТОВКА 10 минут
ВРЕМЯ ГОТОВКИ 10 минут

4 ломтика бекона
2 чашки рубленого свежего кейла
1 столовая ложка салатной заправки с уксусом (я использую греческую заправку с уксусом от Primal Kitchen)
Щепотка розовой соли
Щепотка свежемолотого черного перца
¼ чашки ореха пекан
¼ чашки кусочков голубого сыра

В одной партии:
Калории — 706
Жиры — 58 г
Углеводы — 20 г
Чистые углеводы — 14 г
Клетчатка — 5 г
Белок — 31 г

В порции:
Калории — 353
Жиры — 29 г
Углеводы — 10 г
Чистые углеводы — 7 г
Клетчатка — 3 г
Белок — 16 г

1. В средней сковороде на среднем огне обжаривайте бекон с обеих сторон около 8 минут до хрустящей корочки. Переложите бекон на тарелку, выложенную бумажным полотенцем.
2. Тем временем в большой миске разминайте кейл с заправкой с уксусом в течение 2 минут. Добавьте розовую соль и перец. Пусть капуста настоится, пока готовится бекон, и она станет еще мягче.
3. Нарежьте бекон и орехи пекан и добавьте их в миску. Посыпьте голубым сыром.
4. Хорошо перемешайте, разложите порции на две тарелки. Подавайте на стол.

СОВЕТ ПО ЗАМЕНЕ. Рубленый миндаль может заменить пекан.

РУБЛЕНЫЙ ГРЕЧЕСКИЙ САЛАТ

Греческий салат – одно из моих любимых блюд в ресторане. Он такой свежий и его легко приготовить. В нем всего несколько ингредиентов, но не стесняйтесь творить и добавлять свои.

30 МИНУТ
ОДНА КАСТРЮЛЯ
БЕЗ ГОТОВКИ
ВЕГЕТАРИАНСКОЕ

ПОРЦИЙ 2
ПОДГОТОВКА 10 минут

2 чашки нашинкованного римского салата (ромэн)
½ чашки помидоров черри, порезанных пополам
¼ чашки порезанных ломтиками маслин (похожих на сорт «каламата»)
2 столовые ложки салатной заправки с уксусом (я использую греческую заправку с уксусом от Primal Kitchen)
Розовая соль
Свежемолотый черный перец
1 столовая ложка оливкого масла

В одной партии:
Калории — 404
Жиры — 38 г
Углеводы — 8 г
Чистые углеводы — 5 г
Клетчатка — 3 г
Белок — 7 г

В порции:
Калории — 202
Жиры — 19 г
Углеводы — 4 г
Чистые углеводы — 3 г
Клетчатка — 2 г
Белок — 4 г

1. В большой миске смешайте римский салат, помидоры, оливки, сыр фета и заправку с уксусом.
2. Приправьте розовой солью и перцем, сбрызните оливковым маслом и перемешайте.
3. Разделите салат между двумя мисками и подавайте на стол.

СОВЕТ ПО ЗАМЕНЕ. Вы можете заменить сыр фета на козий.

ВАРИАНТЫ. Существует множество замечательных вкусов для греческого салата, которые можно к нему добавить:

* Красный лук или мелко нарезанные огурцы для дополнительного хруста и свежести, а также мелко нарезанный перец пепперончини для пикантности.
* Мелко нарезанная генуэзская салями и пепперони также хороши.

СРЕДИЗЕМНОМОРСКИЙ ОГУРЕЧНЫЙ САЛАТ

Я люблю готовить этот салат, потому что он такой простой, такой вкусный и так насыщен свежими вкусами. Маслины и сыр фета добавляют полезных жиров, в то время как огурцы и помидоры – свежесть. Отличный гарнир для любого мясного блюда в средиземноморском стиле.

30 МИНУТ
ОДНА КАСТРЮЛЯ
ВЕГЕТАРИАНСКОЕ

ПОРЦИЙ 2
ПОДГОТОВКА 10 минут

1 большой огурец, очищенный от кожицы и тонко порезанный
½ чашки помидоров черри, порезанных пополам
¼ чашки порезанных пополам маслин (я использую сорт «каламата»)
¼ чашки сыра фета
Розовая соль
Свежемолотый черный перец
2 столовые ложки салатной заправки с уксусом (я использую греческую заправку с уксусом от Primal Kitchen)

В одной партии:
Калории — 1483
Жиры — 139г
Углеводы — 34 г
Чистые углеводы — 22 г
Клетчатка — 12 г
Белок — 54 г

В порции:
Калории — 247
Жиры — 23 г
Углеводы — 6 г
Чистые углеводы — 4 г
Клетчатка — 2 г
Белок — 8 г

1. В большой миске смешайте огурец, помидоры, оливки и сыр фета. Приправить розовой солью и перцем. Добавьте заправку и перемешайте.
2. Разделите салат между двумя мисками и подавайте на стол.

СОВЕТ ПО ИНГРЕДИЕНТАМ. Этот салат, конечно, можно съесть сразу, но я думаю, что еще лучше, если вы накроете его пленкой и поставите в холодильник, чтобы ингредиенты салата мариновались в соусе в течение нескольких часов.

ЯИЧНО-АВОКАДНЫЙ САЛАТ В ЧАШЕЧКЕ ИЗ ЛИСТЬЕВ САЛАТА

Я только недавно начала делать яичный салат с авокадо вместо майонеза. Он добавляет восхитительный элемент вкуса. А для приятного хруста добавьте нарезанный ломтиками редис.

30 МИНУТ
ВЕГЕТАРИАНСКОЕ

ПОРЦИЙ 2
ПОДГОТОВКА 15 минут
ВРЕМЯ ГОТОВКИ 15 минут

ДЛЯ ЯИЦ ВКРУТУЮ

4 больших яйца

ДЛЯ ЯИЧНОГО САЛАТА

1 авокадо, разрезанный пополам
Розовая соль
Свежемолотый черный перец
½ чайной ложки свежевыжатого лимонного сока
4 листа салата, вымытые и вытертые насухо бумажными полотенцами или чистым кухонным полотенцем
2 редиски, порезанные тонкими ломтиками

В одной партии:

Калории — 515
Жиры — 40 г
Углеводы — 15 г
Чистые углеводы — 5 г
Клетчатка — 10 г
Белок — 29 г

В порции:

Калории — 258
Жиры — 20 г
Углеводы — 8 г
Чистые углеводы — 3 г
Клетчатка — 5 г
Белок — 15 г

ГОТОВИМ ЯЙЦА ВКРУТУЮ

1. Положите яйца в среднюю кастрюлю и залейте водой. Поставьте на сильный огонь и доведите воду до кипения. Как только она закипит, выключите огонь, накройте крышкой и оставьте на конфорке на 10-12 минут.
2. С помощью шумовки выньте яйца из кастрюли и опустите их в холодную воду на 1 минуту или погрузите в ледяную ванночку.
3. Осторожно постучите по скорлупе и очистите ее. Очищайте яйца от скорлупы под холодной водой, льющейся на ваши руки.

ГОТОВИМ ЯИЧНЫЙ САЛАТ

1. В средней миске измельчите сваренные вкрутую яйца.
2. Добавьте авокадо в миску и разомните мякоть вилкой. Приправьте розовой солью и перцем, добавьте лимонный сок и перемешайте, чтобы все объединить.
3. Поместите 4 листа салата на две тарелки. Поверх листьев салата выложите яичный салат и ломтики редиса и подавайте на стол.

СОВЕТ ПО ЗАМЕНЕ. Вы также можете использовать римский салат.

ВАРИАНТЫ. Для этого рецепта вы можете включить дополнительные ингредиенты из своего холодильника или кладовой:

* Добавьте в яичный салат гуакамоле с рубленым халапеньо и красным луком.
* Нарезанный бекон добавляет привлекательную текстуру яичному салату. Также можете добавить ломтики хрустящего бекона в чашечки салата.

САЛАТ КАПРЕЗЕ С АВОКАДО

Салаты капрезе – это классика. Для кетоварианта я добавляю авокадо для дополнительных полезных жиров и рукколу для островатого вкуса. Также эти ингредиенты делают блюдо суперсытным.

30 МИНУТ
БЕЗ ГОТОВКИ
ВЕГЕТАРИАНСКОЕ

ПОРЦИЙ 2
ПОДГОТОВКА 5 минут

2 чашки рукколы
1 столовая ложка оливкового масла, добавлять частями
Розовая соль
Свежемолотый черный перец
1 авокадо, нарезанное ломтиками
4 шарика моцареллы, порезанной ломтиками
1 помидор «Рома», порезанный ломтиками
4 свежих листика базилика, нарезанных ленточками

В одной партии:
Калории — 640
Жиры — 54 г
Углеводы — 20 г
Чистые углеводы — 9 г
Клетчатка — 11 г
Белок — 25 г

В порции:
Калории — 320
Жиры — 27 г
Углеводы — 10 г
Чистые углеводы — 5 г
Клетчатка — 6 г
Белок — 13 г

1. В большой миске смешайте рукколу со столовой ложкой оливкового масла и приправьте розовой солью и перцем.
2. Разделите рукколу между двумя тарелками.
3. Поверх рукколы выложите авокадо, моцареллу и помидоры. Сбрызните все оставшейся столовой ложкой оливкового масла. Приправьте розовой солью и перцем.
4. Посыпьте сверху базиликом и подавайте на стол.

СОВЕТ ПО ЗАМЕНЕ. Для дополнительного вкуса вы можете заменить оливковое масло заправкой с уксусом. Я использую греческую заправку с уксусом от Primal Kitchen.

САЛАТ ИЗ КРЕВЕТОК И АВОКАДО

Этот салат нужно немного охладить перед подачей, но ожидание стоит того. Чтобы сделать рецепт суперлегким, я покупаю вареные и очищенные креветки, но вы можете выбрать любой вид креветок, который вам нравится.

ПОРЦИЙ 2
ПОДГОТОВКА 5 минут и 30 минут, чтобы остудить
ВРЕМЯ ГОТОВКИ 2 минуты

1 столовая ложка оливкового масла
455 г креветок (я использую замороженные креветки средней готовности с хвостом, очищенные от кожуры от Trader Joe's)
Розовая соль
Свежемолотый черный перец
1 авокадо, порезанное кубиками
1 рубленый стебель сельдерея
¼ стакана майонеза
1 чайная ложка свежевыжатого сока лайма

В одной партии:
Калории — 1141
Жиры — 81 г
Углеводы — 15 г
Чистые углеводы — 5 г
Клетчатка — 10 г
Белок — 100 г

В порции:
Калории — 571
Жиры — 41 г
Углеводы — 8 г
Чистые углеводы — 3 г
Клетчатка — 5 г
Белок — 50г.

1. В большой сковороде на среднем огне разогрейте оливковое масло. Когда масло нагреется, добавьте креветки. Готовьте, пока они не станут розовыми, от 1 до 2 минут. Приправить розовой солью и перцем.
2. Переложите креветки в среднюю миску, накройте крышкой и поставьте в холодильник.
3. В средней миске смешайте авокадо, сельдерей и майонез. Добавьте сок лайма и приправьте розовой солью. Перемешайте, чтобы все объединить. Добавьте охлажденные креветки и перемешайте.
4. Накройте салат крышкой и поставьте в холодильник на 30 минут перед подачей на стол.

СОВЕТ ПО ЗАМЕНЕ. Для дополнительного вкуса используйте соль с приправами от Tajín вместо обычной розовой соли. Tajín – это мексиканская соль, которая сочетает в себе чили, лайм и морскую соль.

ВАРИАНТЫ. Я люблю сливочную текстуру этого охлажденного салата. Если у вас есть свежие травы или зелень в холодильнике, вы можете добавить их:

* Добавьте в салатную смесь мелко нарезанный свежий укроп.
* Выложите салат на листья капусты или римского салата, чтобы добавить свежести и хруста.

САЛАТ «ЦЕЗАРЬ» С ЛОСОСЕМ

Этот салат имеет сливочный вкус, он полон полезных жиров, и в нем есть соленый хруст бекона. Лично я люблю лосося в любое время и в любом виде, поэтому этот салат для меня идеален. Кто бы не предпочел хруст бекона обычным углеводным гренкам?

30 МИНУТ
ОДНА СКОВОРОДА

ПОРЦИЙ 2
ПОДГОТОВКА 5 минут
ВРЕМЯ ГОТОВКИ 20 минут

4 ломтика бекона
2 филе лосося (175 г)
Розовая соль
Свежемолотый черный перец
1 столовая ложка гхи, если нужно
½ авокадо, порезанного ломтиками
2 пучка римского салата или 2 чашки нарезанного салата-латука
2 столовые ложки заправки «Цезарь» (я использую заправку «Цезарь» с маслом авокадо от Prinal Kitchen)

В одной партии:
Калории — 932
Жиры — 63 г
Углеводы — 11 г
Чистые углеводы — 5 г
Клетчатка — 7 г
Белок — 79 г

В порции:
Калории — 466
Жиры — 32 г
Углеводы — г
Чистые углеводы — 3 г
Клетчатка — 4 г
Белок — 40 г

1. В средней сковороде на среднем огне обжаривайте бекон с обеих сторон до хрустящей корочки около 8 минут. Переложите бекон на тарелку, выложенную бумажным полотенцем.
2. Тем временем промокните лосося бумажным полотенцем, чтобы удалить лишнюю воду. Приправьте с обеих сторон розовой солью и перцем.
3. Пока бекон еще в сковороде, добавьте лосося. Если вам нужно больше жира на сковороде, добавьте топленое масло.
4. Поджаривайте лосося в течение 5 минут с каждой стороны, или пока он не достигнет желаемой степени готовности. Мне он нравится средней прожарки.
5. Порвите бекон на кусочки. Приправьте авокадо розовой солью и перцем.
6. Разделите римский салат, бекон и авокадо между двумя тарелками.
7. Сверху на салат выложите филе лосося, полейте соусом «Цезарь» и подавайте на стол.

СОВЕТ ПО ИНГРЕДИЕНТАМ. Вы можете запечь бекон и лосося вместо того, чтобы использовать сковороду. Разогрейте духовку до 200°C и выстелите противень алюминиевой фольгой. Положите ломтики бекона и филе лосося вместе на противень. Запекайте в течение 15 минут, а затем жарьте в течение 5 минут или до тех пор, пока верхняя часть лосося не подрумянится.

КОББ-САЛАТ СО ШПИНАТОМ И ЛОСОСЕМ

Кобб-салат – это идеальная кетоеда. Он свежий, полный полезных жиров и просто восхитительный. Я предпочитаю дополнять свой лососем, а не стандартной индейкой или курицей. И я использую теплый, липкий яичный желток как суперароматную заправку для салата.

30 МИНУТ

ПОРЦИЙ 2
ПОДГОТОВКА 5 минут
ВРЕМЯ ГОТОВКИ 25 минут

4 ломтика бекона
2 больших яйца
2 филе лосося (175 г)
Розовая соль
Свежемолотый черный перец
1 столовая ложка гхи, если нужно
1 авокадо, порезанное на ломтики
175 г органического молодого шпината
¼ стакана кусочков голубого сыра
1 столовая ложка оливкового масла

В одной партии:
Калории — 1251
Жиры — 85 г
Углеводы — 23 г
Чистые углеводы — 10 г
Клетчатка — 13 г
Белок — 107 г

В порции:
Калории — 623
Жиры — 43 г
Углеводы — 12 г
Чистые углеводы — 5 г
Клетчатка — 7 г
Белок — 54 г

1. В средней сковороде на среднем огне обжаривайте бекон с обеих сторон до хрустящей корочки около 8 минут. Переложите бекон на тарелку, выложенную бумажным полотенцем.
2. Доведите воду в небольшой кастрюле до кипения на сильном огне. Теперь, чтобы яйца были всмятку, убавьте огонь до среднего. Варите около 6 минут.
3. Между тем промокните филе лосося бумажным полотенцем с обеих сторон, чтобы удалить лишнюю влагу. Приправьте с обеих сторон розовой солью и перцем.
4. Пока бекон еще на сковороде, добавьте лосося. Если вам нужно больше жира, добавьте немного гхи к жиру бекона.
5. Поджаривайте лосося на среднем огне в течение 5 минут с каждой стороны или до тех пор, пока он не достигнет желаемой степени готовности. (Мне он нравится средней прожарки.)
6. Тем временем переложите бекон на разделочную доску и нарежьте его. Почистите яйца всмятку. Приправьте авокадо розовой солью и перцем.
7. Разделите шпинат, бекон и авокадо между двумя тарелками.
8. Аккуратно разделите яйца пополам и выложите их на салаты. Посыпьте кусочками голубого сыра.
9. Сверху выложите лосося, полейте салат оливковым маслом и подавайте на стол.

СОВЕТ ПО ИНТГРЕДИЕНТАМ. Вы можете использовать рукколу вместо шпината или более хрустящую зелень, например, римский салат, если хотите.

ВАРИАНТЫ.

* Добавьте половинки помидоров черри для придания кислинки и свежести.
* Добавьте нарезанные маслины, чтобы придать салату дополнительный соленый вкус.

САЛАТ ТАКО

Салаты тако идеально подходят для кетодиеты, если вы не используете лепешки для тако. Сделать тако дома очень просто. Просто подрумяньте немного говяжьего фарша и смешайте его с различными свежими ингредиентами.

30 МИНУТ
ОДНА СКОВОРОДА

ПОРЦИЙ 2
ПОДГОТОВКА 10 минут
ВРЕМЯ ГОТОВКИ 10 минут

1 столовая ложка гхи
455 г говяжьего фарша
Розовая соль
Свежемолотый черный перец
2 стакана рубленого римского салата
1 авокадо, порезанное кубиками
½ стакана помидоров черри, порезанных пополам
½ стакана тертого сыра (я использую мексиканскую смесь)

В одной партии:
Калории — 1380
Жиры — 104 г
Углеводы — 19 г
Чистые углеводы — 7 г
Клетчатка — 12 г
Белок — 96 г

В порции:
Калории — 659
Жиры — 52 г
Углеводы — 10 г
Чистые углеводы — 4 г
Клетчатка — 6 г
Белок — 48 г

1. В большой сковороде на среднем огне разогрейте гхи.
2. Когда топленое масло нагреется, добавьте говяжий фарш, разбивая его ложкой на более мелкие кусочки. Перемешайте и готовьте около 10 минут, пока говядина не подрумянится. Приправьте розовой солью и перцем.
3. Разделите салат на две тарелки. Приправьте розовой солью и перцем.
4. Добавьте авокадо и помидоры, сверху положите говядину и тертый сыр и подавайте на стол.

СОВЕТ ПО ЗАМЕНЕ. Розовую соль и перец можно заменить приправой для тако.

ВАРИАНТЫ.

* Не стесняйтесь добавить ложку сметаны и немного нарезанного зеленого лука или халапеньо для хруста и полезного жира.
* Вы можете сделать свои собственные стрипсы из тортильи, разрезав низкоуглеводную тортилью на полоски. Закиньте полоски в оливковое масло, приправив их солью и перцем, и выпекайте их в один слой на противне в течение 10 минут при температуре 220°С.

САЛАТ-ЧИЗБУРГЕР

Я люблю заказывать гамбургер с салатом, когда иду в ресторан, но почему-то никогда не делаю его дома. Этот чизбургер с салатом даст вам тот же вкус — все смешано в одной миске. Особенно мне нравятся соленые огурцы в этом рецепте, так что если вы хотите добавить еще, сделайте это!

30 МИНУТ

ПОРЦИЙ 2
ПОДГОТОВКА 10 минут
ВРЕМЯ ГОТОВКИ 10 минут

1 столовая ложка гхи
455 г говяжьего фарша
Розовая соль
Свежемолотый черный перец
½ стакана мелко нарезанных маринованных огурцов
2 стакана рубленого римского салата
½ стакана тертого сыра чеддер
2 столовые ложки заправки ранч (я использую Ранч от Primal Kitchen)

В одной партии:
Калории — 1324
Жиры — 100 г
Углеводы — 12 г
Чистые углеводы — 8 г
Клетчатка — 3 г
Белок — 94 г

В порции:
Калории — 662
Жиры — 50 г
Углеводы — 6 г
Чистые углеводы — 4 г
Клетчатка — 2 г
Белок — 47 г

1. В средней сковороде на среднем огне разогрейте гхи.
2. Когда гхи нагреется, добавьте говяжий фарш, разбивая его ложкой на более мелкие кусочки. Перемешайте и готовьте около 10 минут, пока говядина не подрумянится. Приправить розовой солью и перцем.
3. Положите маринованные огурцы в большую миску, добавьте римский салат и сыр.
4. Используя шумовку, переложите подрумяненную говядину из сковороды в миску.
5. Заправьте салат и тщательно перемешайте.
6. Разделите на две миски и подавайте.

СОВЕТ ПО ЗАМЕНЕ. Вы можете заменить говяжий фарш на индюшиный.

ВАРИАНТЫ. Ваши любимые начинки для бургеров будут такими же вкусными и как начинки для этого салата:

* Для придания дополнительного аромата добавьте в салат горсть нарезанного кубиками лука, 1 чайную ложку желтой горчицы и ¼ чайной ложки паприки.
* Конечно, вы также можете добавить нарезанный бекон.

САЛАТ ИЗ КАЛИФОРНИЙСКОГО СТЕЙКА

Авокадо и клубника просто кричат «Калифорния». В этом рецепте они служат прекрасными дополнениями к скерт-стейку и пряному аромату рукколы.

30 МИНУТ

ПОРЦИЙ 2
ПОДГОТОВКА 15 мин
ВРЕМЯ ГОТОВКИ 10 мин

225 г скерт-стейка
Розовая соль
Свежемолотый черный перец
1 столовая ложка сливочного масла
2 стакана рукколы
1 столовая ложка оливкового масла
1 авокадо, порезанное ломтиками
2 свежие клубники, порезанные ломтиками
¼ стакана нарезанного кусочками миндаля

В одной партии:
Калории — 1001
Жиры — 81 г
Углеводы — 21 г
Чистые углеводы — 8 г
Клетчатка — 13 г
Белок — 55 г

В порции:
Калории — 501
Жиры — 41 г
Углеводы — 11 г
Чистые углеводы — 4 г
Клетчатка — 7 г
Белок — 28 г
Чистые углеводы — 4 г
Клетчатка — 7 г
Белок — 28 г

1. Нагрейте большую сковороду на сильном огне.
2. Промокните стейк насухо бумажным полотенцем и приправьте с обеих сторон розовой солью и перцем.
3. Добавьте сливочное масло в сковороду. Когда оно растает, положите на сковороду стейк.
4. Обжаривайте стейк около 3 минут с каждой стороны для средней прожарки.
5. Переложите стейк на разделочную доску и дайте ему отдохнуть не менее 5 минут.
6. В большой миске смешайте рукколу с оливковым маслом и добавьте по щепотке розовой соли и перца.
7. Разделите рукколу между двумя тарелками и сверху положите нарезанный авокадо, клубнику и миндаль.
8. Нарежьте скерт-стейк поперек волокон, положите поверх салата и подавайте на стол.

СОВЕТ ПО ЗАМЕНЕ. Пашина подойдет так же, как и скерт-стейк. Вы также можете использовать нарезанный холодный оставшийся стейк. Он тоже прекрасно подойдет.

КОББ-САЛАТ ИЗ СКЕРТ-СТЕЙКА

Скерт-стейк – идеальный выбор для начинки салата, потому что он ароматный и готовится быстро. Приготовьте скерт-стейк лишь до средней прожарки, чтобы он был нежным, и для подачи порежьте его против волокон. Этот салат не требует маринования стейка заранее, но вы можете его замариновать, если хотите. Я думаю, что натереть стейк розовой солью и черным перцем и приготовить его на раскаленной сковороде с небольшим количеством масла – это идеально.

30 МИНУТ
ОДНА СКОВОРОДА

ПОРЦИЙ 2
ПОДГОТОВКА 15 минут
ВРЕМЯ ГОТОВКИ 10 минут

225 г скерт-стейка
Розовая соль
Свежемолотый черный перец
1 столовая ложка сливочного масла
2 сердцевины или 2 чашки порезанного римского салата
½ стакана помидоров черри, порезанных на половинки
¼ стакана кусочков голубого сыра
¼ стакана ореха пекан
1 столовая ложка оливкового масла

В одной партии:
Калории — 902
Жиры — 71 г
Углеводы — 14 г
Чистые углеводы — 9 г
Клетчатка — 6 г
Белок — 60 г

В порции:
Калории — 451
Жиры — 36 г
Углеводы — 7 г
Чистые углеводы — 5 г
Клетчатка — 3 г
Белок — 30 г

1. Нагрейте большую сковороду на сильном огне.
2. Промокните стейк насухо бумажным полотенцем и приправьте с обеих сторон розовой солью и перцем.
3. Добавьте сливочное масло в сковороду. Когда оно растает, положите стейк на сковороду.
4. Обжаривайте стейк около 3 минут с каждой стороны для средней прожарки.
5. Переложите стейк на разделочную доску и дайте ему отдохнуть не менее 5 минут.
6. Между тем разложите римский салат в две тарелки и сверху положите половинки помидоров черри, голубой сыр и орехи пекан. Сбрызните оливковым маслом.
7. Нарежьте скерт-стейк поперек волокон, положите его поверх салата и подавайте.

СОВЕТ ПО ЗАМЕНЕ. Пашина подойдет так же, как и скерт-стейк.

ВАРИАНТЫ. Когда речь заходит о начинках, салаты – это огромный простор для творчества. Я обычно заглядываю в свой холодильник и выбираю из того, что у меня есть под рукой. Эти варианты – лишь некоторые из замечательных дополнений, возможных для этого салата:

* Бальзамическая заправка и нарезанное ломтиками яйцо, сваренное вкрутую.
* Грецкие орехи вместо орехов пекан и 1 авокадо, нарезанное ломтиками.

ГЛАВА ЧЕТВЕРТАЯ

ГАРНИРЫ И ЗАКУСКИ

Когда вы находитесь на кетогенной диете, салаты могут стать вашими Эти гарниры – одни из моих самых любимых кеторецептов. Их очень легко приготовить, они сочетают разные интересные ароматы. Когда мне хочется вегетарианской еды, я часто готовлю себе гарнир в качестве основного блюда, но также великолепно подойдут к вашему любимому белковому блюду. Эта глава освещает некоторые из множества творческих вариантов использования овощей на кетодиете.

ЗАПЕЧЕННАЯ ЦВЕТНАЯ КАПУСТА С ПРОШУТТО, КАПЕРСАМИ И МИНДАЛЕМ

Я обожаю это блюдо. Иногда я ем его на обед, но оно также идеально подходит в качестве гарнира к любому мясу. Каперсы, вероятно, «изюминка» этого блюда. Они обеспечивают приятный неожиданный аромат, а кусочки миндаля придадут ему удивительный хруст. Я всегда готовлю жареную цветную капусту сразу после бекона, потому что у меня на сковороде остается столько замечательного жира от бекона, цветная капуста его впитывает. Иногда я также бросаю на сковороду пару приправленных куриных грудок с цветной капустой для полноценной трапезы с одной сковородки.

30 МИНУТ
ОДНА СКОВОРОДА

ПОРЦИЙ 2
ПОДГОТОВКА 5 минут
ВРЕМЯ ГОТОВКИ 25 минут

340 г цветков цветной капусты (я покупаю уже нарезанные)
2 столовые ложки остатков жира от бекона или оливкового масла
Розовая соль
Свежемолотый черный перец
60 г ломтиков прошутто, порванных на мелкие кусочки
¼ стакана кусочков миндаля
2 столовые ложки каперсов
2 столовые ложки тертого сыра пармезан

В одной партии:
Калории — 576
Жиры — 48 г
Углеводы — 14 г
Чистые углеводы — 7 г
Клетчатка — 6 г
Белок — 28г

В порции:
Калории — 2488
Жиры — 24 г
Углеводы — 7 г
Чистые углеводы — 4 г
Клетчатка — 3 г
Белок — 14г

1. Разогрейте духовку до 200°С. Выстелите противень силиконовым ковриком или пергаментной бумагой.
2. Выложите цветную капусту в подготовленную сковороду, смазанную жиром бекона, и приправьте розовой солью и перцем. Или, если вы используете оливковое масло, сбрызните им цветную капусту и приправьте розовой солью и перцем.
3. Обжаривайте цветную капусту в течение 15 минут.
4. Перемешайте цветную капусту так, чтобы все стороны были покрыты салом.
5. Распределите кусочки прошутто на сковороде. Затем добавьте нарезанный миндаль и каперсы. Перемешайте. Сверху посыпьте сыром пармезан и жарьте еще 10 минут.
6. Распределите между двумя тарелками, используя шумовку, чтобы не получить лишнего жира в тарелках, и подавайте.

СОВЕТ ПО ЗАМЕНЕ. Если у вас нет каперсов, отлично подойдут зеленые оливки.

МАСЛЯНЫЕ ГРИБЫ В МУЛЬТИВАРКЕ

Есть что-то в сухой смеси для заправки Ранчо, что создает столь замечательную приправу. Когда я только начала готовить, я все время использовала его, чтобы приготовить курицу, свиные отбивные и это грибное блюдо. Ваш дом наполнится невероятным ароматом, пока оно готовится в мультиварке. Я люблю его есть, когда смотрю футбол, но оно также может быть и вкусным гарниром для большинства видов мяса. Вы можете легко удвоить или утроить ингредиенты для большей группы людей.

ОДНА СКОВОРОДА ВЕГЕТАРИАНСКОЕ

ПОРЦИЙ 2
ПОДГОТОВКА 10 минут
ВРЕМЯ ГОТОВКИ 4 часа

6 столовых ложек сливочного масла
1 столовая ложка упакованной сухой смеси для заправки Ранчо
225 г свежих шампиньонов «кремини»
2 столовые ложки тертого сыра пармезан
1 столовая ложка свежей нарезанной листовой итальянской петрушки

В одной партии:
Калории — 701
Жиры — 72 г
Углеводы — 9 г
Чистые углеводы — 7 г
Клетчатка — 2 г
Белок — 11 г

В порции:
Калории — 351
Жиры — 36 г
Углеводы — 5 г
Чистые углеводы — 4 г
Клетчатка — 1 г
Белок — 6 г

1. Разогрейте мультиварку до минимума, поставив в нее кастрюлю.
2. Положите масло и сухую заправку для ранчо на дно мультиварки и дайте маслу растаять. Перемешайте, чтобы смешать заправочную смесь и масло.
3. Добавьте в мультиварку грибы и перемешайте, чтобы покрыть их масляно-заправочной смесью. Посыпьте сверху сыром пармезан.
4. Накройте крышкой и готовьте на слабом огне 4 часа.
5. Используйте шумовку, чтобы переложить грибы на сервировочное блюдо. Сверху положите нарезанную петрушку и подавайте на стол.

СОВЕТ ПО ЗАМЕНЕ. Если у вас нет сухой смеси для заправки Ранчо, для аналогичного результата вы можете объединить равное количество лукового порошка, чесночного порошка, сушеного тимьяна, розовой соли, перца, сушеной петрушки и немного паприки.

ЗАПЕЧЕННЫЙ ГРАТЕН ИЗ ЦУККИНИ

Я люблю гратен. Однако о картофеле не может быть и речи, а это сырное блюдо с хрустящей свиной кожурой станет вкусной низкоуглеводной альтернативой. Измельченные свиные шкварки используются как панировочные сухари, и вы можете взять любой вид свиных шкурок, который больше нравится. Просто бросьте их в кухонный комбайн (или блендер) на несколько секунд, чтобы раздробить. А то, что делает это блюдо таким уникальным, так это смесь сыров бри и грюйер!

ПОРЦИЙ 2
ПОДГОТОВКА 10 минут и 30 минут на обсушку
ВРЕМЯ ГОТОВКИ 25 минут

1 большой цуккини, нарезанный ломтиками толщиной 5 мм
Розовая соль
30 г сыра бри с обрезанной корочкой
1 столовая ложка сливочного масла
Свежемолотый черный перец
1/3 стакана тертого сыра грюер
¼ стакана измельченных свиных шкварок

В одной партии:
Калории — 709
Жиры — 50 г
Углеводы — 10 г
Чистые углеводы — 7 г
Клетчатка — 3 г
Белок — 55 г

В порции:
Калории — 355
Жиры — 25 г
Углеводы — 5 г
Чистые углеводы — 4 г
Клетчатка — 2 г
Белок — 28 г

1. Посолите ломтики цуккини и положите их на дуршлаг в раковину на 45 минут, чтобы кабачки отдали воду.
2. Разогрейте духовку до 200°C.
3. Оставьте кабачки минут на 30, чтобы они пустили сок. Тем временем в небольшой кастрюле на среднем огне нагрейте сыр бри и сливочное масло. Периодически помешивайте около 2 минут, пока сыр не расплавится и смесь полностью не соединится.
4. Выложите цуккини в 8-дюймовую форму для запекания (20 см), чтобы кусочки цуккини слегка перекрывали друг друга. Приправьте перцем.
5. Вылейте смесь с бри на кабачки, а сверху добавьте тертый сыр грюйер.
6. Сверху посыпьте измельченными свиными шкварками.
7. Выпекайте около 25 минут, пока блюдо не начнет пузыриться и пока сверху красиво не подрумянится. Подавайте на стол.

СОВЕТ ПО ЗАМЕНЕ. Вы также можете использовать мягкий сыр «крем де бри». В некоторых из них есть чеснок или другие травы, которые станут вкусной добавкой к этому блюду.

ЗАПЕЧЕННЫЙ РЕДИС С СОУСОМ ИЗ КОРИЧНЕВОГО МАСЛА

Этот теплый, маслянистый жареный редис выглядит как молодой красный картофель — и напоминает его на вкус. Он хрустящий снаружи, теплый и однородный внутри. Соус из коричневого масла делает это блюдо по-настоящему вкусным.

30 МИНУТ
ВЕГЕТАРИАНСКОЕ

ПОРЦИЙ 2
ПОДГОТОВКА 10 минут
ВРЕМЯ ГОТОВКИ 10 минут

2 стакана редиса, порезанного на половинки
1 столовая ложка оливкового масла
Розовая соль
Свежемолотый черный перец
2 столовые ложки сливочного масла
1 столовая ложка свежей нарезанной листовой итальянской петрушки

В одной партии:
Калории — 361
Жиры — 37 г
Углеводы — 8 г
Чистые углеводы — 4 г
Клетчатка — 4 г
Белок — 2 г

В порции:
Калории — 181
Жиры — 19 г
Углеводы — 4 г
Чистые углеводы — 2 г
Клетчатка — 2 г
Белок — 1 г

1. Разогрейте духовку до 230°С.
2. В средней миске перемешайте редис с оливковым маслом и приправьте розовой солью и перцем.
3. Выложите редис на противень в один слой. Запекайте в течение 15 минут, иногда помешивая.
4. Пока редис будет выпекаться (около 10 минут), в небольшой светлой кастрюле на среднем огне полностью растопите сливочное масло, часто помешивая, и приправьте розовой солью. Когда масло начнет пузыриться и пениться, продолжайте помешивать. Когда бульканье немного уменьшится, масло должно быть приятным орехово-коричневым. Процесс подрумянивания должен занять в общей сложности около 3 минут. Переложите подрумяненное сливочное масло в термозащитную емкость (я использую кружку).
5. Достаньте редис из духовки и распределите его между двумя тарелками. Выложите на редис коричневое масло, сверху посыпьте нарезанной петрушкой и подавайте на стол.

СОВЕТ ПО ИНГРЕДИЕНТАМ. Вы можете не выбрасывать стебли редиса, а запечь их.

ЗЕЛЕНАЯ ФАСОЛЬ С ПАРМЕЗАНОМ И СВИНЫМИ ШКВАРКАМИ

Я люблю зеленую фасоль. Когда мы растем, мы никогда не выпекаем ее, но теперь это мой любимый способ приготовления большинства овощей. Печеная фасоль, сбрызнутая оливковым маслом и приправленная небольшим количеством соли с добавлением сыра пармезан и свиных шкварок, просто взрываются букетом ароматов.

30 МИНУТ

ПОРЦИЙ 2
ПОДГОТОВКА 5 минут
ВРЕМЯ ГОТОВКИ 15 минут

225 г свежих зеленых бобов
2 столовые ложки мелконарезанных свиных шкварок
2 столовые ложки оливкового масла
1 столовая ложка тертого сыра пармезан
Розовая соль
Свежемолотый черный перец

В одной партии:
Калории — 350
Жиры — 30 г
Углеводы — 16 г
Чистые углеводы — 10 г
Клетчатка — 6 г
Белок — 8 г

В порции:
Калории — 175
Жиры — 15 г
Углеводы — 8 г
Чистые углеводы — 5 г
Клетчатка — 3 г
Белок — 6 г

1. Разогрейте духовку до 200°С.
2. В средней миске смешайте зеленую фасоль, свиные шкварки, оливковое масло и сыр пармезан. Приправьте розовой солью и перцем и перемешайте, пока все полностью не покроет фасоль.
3. Выложите бобовую смесь на противень в один слой и выпекайте около 15 минут. По прошествии половины этого времени слегка встряхните противень, чтобы немного сдвинуть фасоль, или просто перемешайте ее.
4. Распределите фасоль между двумя тарелками и подавайте на стол.

СОВЕТ ПО ИНГРЕДИЕНТАМ. Вы можете использовать любой вид свиных шкварок, чтобы добавить дополнительную пикантность зеленой фасоли, но я обычно использую оригинальные.

СТЕЙКИ ИЗ ЦВЕТНОЙ КАПУСТЫ С ПЕСТО

Я люблю готовить песто. Каждый раз, когда я покупаю пучок свежего базилика, я использую остатки, чтобы сделать песто. Обычно я беру те орехи, которые у меня есть. Ароматное песто в сочетании с плавленым сыром — это идеальная начинка для стейков из цветной капусты.

30 МИНУТ
ВЕГЕТАРИАНСКОЕ

ПОРЦИЙ 2
ПОДГОТОВКА 5 минут
ВРЕМЯ ГОТОВКИ 20 минут

2 столовые ложки оливкового масла и еще немного для смазывания
½ кочана цветной капусты
Розовая соль
Свежемолотый черный перец
2 стакана свежих листьев базилика
½ стакана тертого сыра пармезан
¼ стакана миндаля
½ стакана нашинкованного сыра моцарелла

В одной партии:
Калории — 895
Жиры — 68 г
Углеводы — 34 г
Чистые углеводы — 20 г
Клетчатка — 14 г
Белок — 47 г

В порции:
Калории — 448
Жиры — 34 г
Углеводы — 17 г
Чистые углеводы — 10 г
Клетчатка — 7 г
Белок — 24 г

1. Разогрейте духовку до 220°С. Смажьте противень оливковым маслом или выстелите силиконовым ковриком.
2. Чтобы приготовить стейки из цветной капусты, удалите листья и нарежьте цветную капусту на кусочки толщиной 25 мм. Вы можете поджарить лишние осыпавшиеся цветочки вместе со стейками.
3. Выложите стейки из цветной капусты на подготовленный противень и смажьте их оливковым маслом. Нужно, чтобы поверхность была слегка покрыта маслом, чтобы она карамелизовалась. Приправить розовой солью и перцем.
4. Обжаривайте стейки из цветной капусты в течение 20 минут.
5. Тем временем положите базилик, сыр пармезан, миндаль и 2 столовые ложки оливкового масла в кухонный комбайн (или блендер) и приправьте розовой солью и перцем. Мешайте до получения однородной массы.
6. Нанесите песто на каждый стейк из цветной капусты, а сверху положите сыр моцарелла. Верните в духовку и выпекайте около 2 минут, пока сыр не расплавится.
7. Выложите стейки из цветной капусты на две тарелки и подавайте горячими.

СОВЕТ ПО ЗАМЕНЕ. Для песто я использую миндаль вместо обычных кедровых орехов, потому что у меня дома всегда есть миндаль. Но если у вас есть кедровые орехи под рукой, вы определенно можете использовать их.

САЛАТ ИЗ ПОМИДОРОВ, АВОКАДО И ОГУРЦА

Вы можете собрать этот ароматный салат за считанные минуты. Это идеальное блюдо для потлака*, потому что им будут наслаждаться все. Для этого салата я люблю использовать маленькие персидские огурцы, потому что они более хрустящие и у них очень маленькие семена.

30 МИНУТ
БЕЗ ГОТОВКИ ВЕГЕТАРИАНСКОЕ

ПОРЦИЙ 2
ПОДГОТОВКА 5 минут

½ стакана помидоров черри, порезанных на половинки
4 маленьких персидских огурца или 1 английский огурец, очищенный от кожицы и тонко нарезанный
1 авокадо, тонко порезанный
¼ стакана кусочков сыра фета
2 столовые ложки заправки с уксусом для салата (я использую греческую заправку с уксусом от Primal Kitchen)
Розовая соль
Свежемолотый черный перец

В одной партии:
Калории — 516
Жиры — 45 г
Углеводы — 23 г
Чистые углеводы — 11 г
Клетчатка — 12 г
Белок — 10 г

В порции:
Калории — 258
Жиры — 23 г
Углеводы — 12 г
Чистые углеводы — 6 г
Клетчатка — 6 г
Белок — 5 г

1. В большой миске смешайте помидоры, огурцы, авокадо и сыр фета.
2. Добавьте заправку с уксусом, приправьте розовой солью и перцем. Тщательно перемешайте.
3. Распределите салат на две тарелки и подавайте на стол.

СОВЕТ ПО ЗАМЕНЕ. Можете заменить сыр фета на козий.

ВАРИАНТЫ. Ароматы и текстуры в этом салате прекрасно сочетаются со следующими добавками:
* 1/2 нашинкованной красной луковицы для дополнительного хруста и свежести.
* Нарезанные ломтиками маслины.

* Формат вечеринки, на которую каждый гость приходит со своим угощением (*прим. ред.*).

ПАЛОЧКИ ИЗ ХРУСТЯЩИХ СВИНЫХ ШКВАРОК И ЦУККИНИ

Моя дочь не фанатка цуккини. Но она любит эти хрустящие соленые палочки из цуккини. Они созданы в качестве вкусного гарнира к практически любому блюду.

30 МИНУТ

ПОРЦИЙ 2
ПОДГОТОВКА 5 минут
ВРЕМЯ ГОТОВКИ 25 минут

2 средних цуккини, разрезанные вдоль пополам и очищенные от семян
¼ стакана мелко нарезанных свиных шкварок
¼ стакана пертого сыра пармезан
2 измельченных зубчика чеснока,
2 столовые ложки растопленного сливочного масла
Розовая соль
Свежемолотый черный перец
Оливковое масло для опрыскивания

В одной партии:
Калории — 461
Жиры — 39 г
Углеводы — 15 г
Чистые углеводы — 11 г
Клетчатка — 4 г
Белок — 17 г

В порции:
Калории — 231
Жиры — 20 г
Углеводы — 8 г
Чистые углеводы — 6 г
Клетчатка — 2 г
Белок — 9 г

1. Разогрейте духовку до 200°C. Выстелите противень алюминиевой фольгой или силиконовым ковриком.
2. Положите половинки кабачков разрезанной стороной вверх на подготовленный противень.
3. В средней миске смешайте свиные шкварки, сыр пармезан, чеснок и растопленное сливочное масло, приправьте розовой солью и перцем. Перемешайте до получения однородной массы.
4. Выложите смесь из свиных шкварок на каждую палочку кабачка и сбрызните ее небольшим количеством оливкового масла.
5. Выпекайте около 20 минут, или пока начинка не станет золотисто-коричневой.
6. Включите режим гриля на 3-5 минут, чтобы закончить подрумянивание кабачковых палочек, и подавайте на стол.

СОВЕТ ПО ИНГРЕДИЕНТАМ. Вы можете использовать ложку, чтобы сделать лодочки из кабачков для большего количества начинки.

СЫРНЫЕ ЧИПСЫ С ГУАКАМОЛЕ

Чипсы и гуакамоле – одна из тех закусок, которых вам не хватает, когда находитесь на кетодиете. Но эти сырные чипсы так легко сделать, что нет причин скучать по чипсам. И они могут даже больше вам понравиться!

30 МИНУТ
ВЕГЕТАРИАНСКОЕ

ПОРЦИЙ 2
ПОДГОТОВКА 10 минут
ВРЕМЯ ГОТОВКИ 10 минут

ДЛЯ СЫРНЫХ ЧИПСОВ

1 стакан нашинкованного сыра (я использую мексиканскую смесь)

ДЛЯ ГУАКАМОЛЕ

1 авокадо, размятое в пюре
Сок ½ лайма
1 чайная ложка нарезанного кубиками халапеньо
2 столовые ложки свежих нарезанных листьев кинзы
Розовая соль
Свежемолотый черный перец

В одной партии:
Калории — 646
Жиры — 54 г
Углеводы — 16 г
Чистые углеводы — 6 г
Клетчатка — 10 г
Белок — 30 г

В порции:
Калории — 323
Жиры — 27 г
Углеводы — 8 г
Чистые углеводы — 3 г
Клетчатка — 5 г
Белок — 15 г

ЧТОБЫ СДЕЛАТЬ СЫРНЫЕ ЧИПСЫ

1. Разогрейте духовку до 180°C. Выстелите противень пергаментной бумагой или силиконовым ковриком.
2. Выложите горками в противень ¼ стакана тертого сыра, оставляя между горками достаточно места, и выпекайте около 7 минут, пока края не станут коричневыми, а середина полностью не расплавится.
3. Поставьте противень на решетку для охлаждения и дайте сырным чипсам остыть в течение 5 минут. Когда вы вытащите чипсы из духовки, они будут мягкими, но станут хрустящими, когда остынут.

ЧТОБЫ СДЕЛАТЬ ГУАКАМОЛЕ

1. В средней миске смешайте авокадо, сок лайма, халапеньо и кинзу, приправьте розовой солью и перцем.
2. Сверху на сырные чипсы выложите гуакамоле и подавайте на стол.

СОВЕТ ПО ИНГРЕДИЕНТАМ. Вы также можете добавить немного нарезанных кубиками халапеньо в сырную смесь перед выпечкой чипсов.

САЛАТ «КАРТОШКА» ИЗ ЦВЕТНОЙ КАПУСТЫ

Этот рецепт является еще одним прекрасным примером того, насколько универсальна цветная капуста. Никто никого не собирается обманывать и выдавать это за настоящий картофельный салат, но он восхитителен сам по себе. Не стесняйтесь добавлять что-то из вариантов, чтобы сделать его еще лучше!

ВЕГЕТАРИАНСКОЕ

ПОРЦИЙ 2
ПОДГОТОВКА 10 минут и 3 часа, чтобы остудить
ВРЕМЯ ГОТОВКИ 25 минут

½ кочана цветной капусты
1 столовая ложка оливкового масла
Розовая соль
Свежемолотый черный перец
1/3 стакана майонеза
1 столовая ложка горчицы
¼ стакана нарезанных кубиками маринованных огурчиков
1 столовая ложка паприки

В одной партии:
Калории — 772
Жиры — 74 г
Углеводы — 26 г
Чистые углеводы — 16 г
Клетчатка — 10 г
Белок — 10 г

В порции:
Калории — 386
Жиры — 37 г
Углеводы — 13 г
Чистые углеводы — 8 г
Клетчатка — 5 г
Белок — 5 г

1. Разогрейте духовку до 200°С. Выстелите противень алюминиевой фольгой или силиконовым ковриком.
2. Разрежьте цветную капусту на кусочки длиной в 25 мм.
3. Положите цветную капусту в большую миску, добавьте оливковое масло, приправьте розовой солью и перцем и тщательно перемешайте.
4. Выложите цветную капусту на подготовленный противень и выпекайте в течение 25 минут или до тех пор, пока цветная капуста не начнет подрумяниваться. В середине времени приготовления пару раз встряхните или перемешайте так, чтобы цветная капуста пропекалась равномерно.
5. В большой миске смешайте цветную капусту с майонезом, горчицей и солеными огурцами. Посыпьте сверху паприкой и охладите в холодильнике в течение 3 часов перед подачей на стол.

СОВЕТ ПО ИНГРЕДИЕНТАМ. Не стоит использовать предварительно нарезанные цветки цветной капусты, потому что они могут быть слишком маленькими или слишком большими, и салат не будет казаться похожим на картофельный. Обязательно используйте кусочки цветной капусты на один укус.

ВАРИАНТЫ. Эти добавки делают этот вкусный салат еще вкуснее:

* Нарежьте и добавьте сверху яйца вкрутую
* Добавьте в смесь нарезанный кубиками сельдерей и измельченный белый лук.

«КАРТОФЕЛЬНОЕ» ПЮРЕ ИЗ ЦВЕТНОЙ КАПУСТЫ С НАЧИНКОЙ

Цветная капуста, безусловно, является основным продуктом в кетодиете. Она имеет очень низкое содержание углеводов и очень многогранна. По правде говоря, мне она нравится так же сильно, как и картофель.

30 МИНУТ

ПОРЦИЙ 4
ПОДГОТОВКА 10 минут
ВРЕМЯ ГОТОВКИ 10 минут

1 кочан свежей цветной капусты, нарезанной кубиками
2 измельченных зубчика чеснока
6 столовых ложек сливочного масла
2 столовые ложки сметаны
Розовая соль
Свежемолотый черный перец
1 стакан нашинкованного сыра (я использую колби джек)
6 ломтиков бекона, приготовленных и мелко порезанных

В одной партии:
Калории — 1513
Жиры — 132 г
Углеводы — 34 г
Чистые углеводы — 22 г
Клетчатка — 12 г
Белок — 58 г

В порции:
Калории — 757
Жиры — 38 г
Углеводы — 6 г
Чистые углеводы — 11 г
Клетчатка — 6 г
Белок — 29 г

1. Вскипятите большую кастрюлю воды на сильном огне. Добавьте цветную капусту. Уменьшите огонь до среднего и тушите в течение 8-10 минут, пока капуста не станет мягкой при прокалывании вилкой. (Если у вас есть паровая корзина, вы можете приготовить цветную капусту на пару)
2. Слейте цветную капусту в дуршлаг и выложите ее на бумажную салфетку, чтобы впитать воду. Промокните, чтобы удалить всю оставшуюся воду из кусочков цветной капусты. Этот шаг важен. Нужно избавиться от как можно большего количества воды, чтобы пюре не стало жидким.
3. Положите цветную капусту в кухонный комбайн (или блендер) с чесноком, сливочным маслом и сметаной, приправьте розовой солью и перцем.
4. Перемешивайте в течение примерно 1 минуты, останавливаясь каждые 30 секунд, чтобы соскрести все вниз с боков миски.
5. Распределите смесь из цветной капусты поровну между четырьмя небольшими сервировочными блюдами и сверху на каждое положите сыр и крошки бекона.
(Сыр должен расплавиться от горячей цветной капусты. Но если вы хотите снова разогреть ее, вы можете поставить блюдо в духовку в режиме гриля на 1 минуту, чтобы разогреть капусту и расплавить сыр.)
6. Подавать теплым.

ВАРИАНТЫ. Все, что вы бы использовали, чтобы украсить сверху картофельное пюре, подойдет для пюре из цветной капусты. Попробуйте следующие дополнения:

* Вместо сыра колби вы можете посыпать сверху ¼ стакана тертого сыра пармезан, 2 ломтиками нашинкованного прошутто и 3 столовыми ложками нарезанного зеленого лука. Для хрустящего прошутто поставьте его на короткое время на режим гриля.

КЕТОХЛЕБ

Я перепробовала много кетоориентированных вариантов хлеба, пока наконец не придумала это сочетание. Мне нравится текстура, и она подходит как отличный основной рецепт для создания сладких или соленых вариаций.

30 МИНУТ
ВЕГЕТАРИАНСКОЕ

1 БАТОН, 12 ЛОМТИКОВ
ПОДГОТОВКА 5 минут
ВРЕМЯ ГОТОВКИ 25 минут

5 столовых ложек сливочного масла комнатной температуры, добавлять частями
6 больших яиц, слегка взбитых
1 ½ стакана миндальной муки
3 чайных ложки разрыхлителя
1 совок MCT oil powder (по желанию, но порошок безвкусный и добавляет полезных жиров. Я использую MCT oil powder от Perfect Keto)
Щепотка розовой соли

На один батон:
Калории — 1973
Жиры — 178 г
Углеводы — 46 г
Чистые углеводы — 27 г
Клетчатка — 19 г
Белок — 74 г

В ломтике:
Калории — 165
Жиры — 15 г
Углеводы — 4 г
Чистые углеводы — 2 г
Клетчатка — 2 г
Белок — 6 г

1. Разогрейте духовку до 180°С. выложите на противень размером 22 на 12 см одну столовую ложку сливочного масла.
2. В большой миске с помощью ручного миксера смешайте яйца, миндаль, оставшиеся 4 столовые ложки сливочного масла, разрыхлитель, MCT oil powder (если используете) и розовую соль до однородной массы. Вылейте в подготовленный противень.
3. Выпекайте в течение 25 минут или до тех пор, пока зубочистка, вставленная в центр, не останется чистой.
4. Нарежьте и подавайте на стол

ВАРИАНТЫ. В дополнение к основному рецепту попробуйте эти вариации:

* Тыквенный кетохлеб: Смешайте все ингредиенты вместе с ¼ банки простого тыквенного пюре. (Убедитесь, что вы не купили смесь для тыквенного пирога с сахаром. Вам нужно простое тыквенное пюре. По моему опыту, в Trader Joe's оно есть только в сезон, но круглый год его можно найти в Target, Safeway или Walmart. Также вмешайте 2-3 чайные ложки жидкой стевии, в зависимости от того, насколько сладким вы хотите сделать хлеб, и 1 столовую ложку специй для тыквенного пирога (смесь корицы, мускатного ореха, имбиря и душистого перца). Выпекать по инструкции рецепта.
* Кетохлеб с шоколадной крошкой: Смешайте ингредиенты, как указано, затем добавьте ½ чашки кетоориентированной шоколадной крошки. Я использую Lily's, которая подслащена стевией.

ФАРШИРОВАННЫЕ ЯЙЦА

У меня всегда была зависимость от вареных яиц. Мне особенно нравится этот рецепт, когда в яичной смеси присутствует сметана. Это кардинально все меняет.

ВЕГЕТАРИАНСКОЕ

24 ФАРШИРОВАННЫХ ЯЙЦА
ПОДГОТОВКА 30 минут
ВРЕМЯ ГОТОВКИ 15 минут

12 больших яиц
½ стакана майонеза
¼ стакана сметаны
1 столовая ложка горчичного порошка
Розовая соль
Свежемолотый черный перец
1 чайная ложка паприки

В одной партии:
Калории — 1775
Жиры — 159 г
Углеводы — 12 г
Чистые углеводы — 11 г
Клетчатка — 1 г
Белок — 79 г

В порции:
Калории — 74
Жиры — 7 г
Углеводы — 1 г
Чистые углеводы — 0 г
Клетчатка — 0 г
Белок — 3 г

1. Чтобы сварить яйца вкрутую, поместите их в большую кастрюлю и залейте 7-10 см воды. Доведите воду до кипения, выключите огонь, накройте кастрюлю крышкой и оставьте на 15 минут. Слейте горячую воду и залейте кастрюлю ледяной водой (можно добавить и кубики льда). Слегка постучите яйцами по столешнице, чтобы они треснули, а затем очистите их под холодной проточной водой. Положите их на тарелку, выложенную бумажным полотенцем.
2. Разделите яйца вдоль пополам. Маленькой ложкой аккуратно выньте желтки, переложите их в небольшую миску и разомните.
3. Добавьте майонез, сметану и горчицу, приправьте розовой солью и перцем. Перемешивайте вилкой до однородной массы.
4. Переложите ложкой желточную смесь обратно в углубления в яичных белках, или, если хотите, можете использовать кулинарный мешок, чтобы яйца выглядели красиво. Посыпьте паприкой и подавайте на стол.

КАК УПРОСТИТЬ. Моя дочь часто смотрит видео на YouTube, обычно «Сделай сам» или видео по выпечке, и она перенимает некоторые удивительные трюки! Один из них, который я взяла на вооружение, это суперлегкий способ, как поместить смесь в кулинарный мешок. Вам понадобится пакет для сэндвичей на молнии и стакан. Вложите пакет в чашку, сложив края пакета по бокам чашки. Переложите смесь в пакет на молнии, выньте пакет из чашки, отрежьте маленький уголок и бум! Вы создали простой кулинарный мешок.

ВАРИАНТЫ. Простое, классическое фаршированное яйцо – это здорово, но я не могу удержаться и не перевести все на другой уровень, поэтому я люблю добавлять начинки:

* Фаршированные яйца БСП – мои любимые. Я делаю их уже много лет – задолго до того, как перешла на кето. Начиняем белок яичной смесью с раскрошенным беконом, рубленым помидором и рубленым базиликом, который работает за букву «С». Они нравятся всем, соблюдаете ли вы кето или нет!

ФАРШИРОВАННЫЕ ЯЙЦА продолжение

* Фаршированные яйца с беконом и халапеньо: в этой версии используется яичная смесь с добавлением раскрошенного бекона и нарезанного кубиками халапеньо. Удалите семена, чтобы уменьшить уровень остроты.
* Фаршированные яйца с беконом и авокадо: добавьте ½ авокадо в яичную смесь вместе с 1 столовой ложкой свежевыжатого сока лайма. Затем раскрошите на верхушку 2 кусочка приготовленного хрустящего бекона.

Я также люблю заменять паприку на Tajín, вкусную мексиканскую соль с приправами, соком лайма и чили.

ОГУРЕЧНЫЕ БАЙТЫ С КУРИНО-ОРЕХОВЫМ САЛАТОМ

Раньше я любила куриный салат «Сонома» из Whole Foods, потому что курица, сельдерей, виноград и орехи пекан – это такая вкусная комбинация. В этом рецепте я убрала виноград, чтобы сделать его кетоориентированным, и добавила ломтики огурца, чтобы получить свежий хруст. Это блюдо – суперлегкий ужин или идеальная закуска.

30 МИНУТ
БЕЗ ГОТОВКИ

ПОРЦИЙ 2
ПОДГОТОВКА 15 минут

1 стакан куриной грудки, нарезанной кубиками
2 столовые ложки майонеза
¼ стакана рубленого ореха пекан
¼ стакана сельдерея, нарезанного кубиками
Розовая соль
Свежемолотый черный перец
1 огурец, очищенный от кожицы и порезанный на ломтики по 5 мм

В одной партии:
Калории — 646
Жиры — 47 г
Углеводы — 12 г
Чистые углеводы — 7 г
Клетчатка — 5 г
Белок — 46 г

В порции:
Калории — 323
Жиры — 24 г
Углеводы — 6 г
Чистые углеводы — 4 г
Клетчатка — 3 г
Белок — 23 г

1. В средней миске смешайте курицу, майонез, орехи пекан и сельдерей. Приправьте розовой солью и перцем.
2. Выложите ломтики огурца на тарелку и добавьте к каждому по щепотке розовой соли.
3. Сверху на каждый ломтик огурца выложите по ложке курино-салатной смеси и подавайте на стол.

СОВЕТ ПО ИНГРЕДИЕНТАМ. Перед подачей я завернула и положила эти байты в холодильник на 2 дня, и они были все еще свежими и хрустящими.

СОУС С КУРИЦЕЙ БАФФАЛО

Этот соус — отличный гарнир в тренировочный день. У него вкус куриных крылышек, но только в дипе.

30 МИНУТ

ПОРЦИЙ 2
ПОДГОТОВКА 10 минут
ВРЕМЯ ГОТОВКИ 20 минут

Сливочное или оливковое масло, чтобы смазать сковороду
1 большая нашинкованная готовая куриная грудка без кости
225 г сливочного сыра
½ стакана нашинкованного сыра чеддер
½ стакана заправки с голубым сыром (с кусочками)
¼ стакана соуса для крылышек буффало (я использую острый соус от Frank's Red Hot Sauce)

В одной партии:
Калории — 1717
Жиры — 145 г
Углеводы — 15 г
Чистые углеводы — 15 г
Клетчатка — 0 г
Белок — 81 г

В порции:
Калории — 859
Жиры — 73 г
Углеводы — 8 г
Чистые углеводы — 8 г
Клетчатка — 0 г
Белок — 41 г

1. Разогрейте духовку до 190°C. Смажьте небольшой противень.
2. В средней миске смешайте курицу, сливочный сыр, сыр чеддер, заправку из голубого сыра и соус для крылышек. Переложите смесь на подготовленный противень.
3. Запекайте 20 минут.
4. Перелейте в глубокую посуду и подавайте горячим.

КАК ПОДАВАТЬ. Подавайте этот соус со стеблями сельдерея или свиными шкварками.

ЗАПЕЧЕННАЯ БРЮССЕЛЬСКАЯ КАПУСТА С БЕКОНОМ

Я не пробовала брюссельскую капусту, пока мне не исполнилось 30! В первый раз, когда я ее ела, она была запеченной, и я поняла, что люблю брюссельскую капусту. Это блюдо чрезвычайно легкое, потому что кусочки бекона готовятся, а брюссельская капуста жарится, все в одном противне, для полного ароматами блюда.

30 МИНУТ

ПОРЦИЙ 2
ПОДГОТОВКА 5 минут
ВРЕМЯ ГОТОВКИ 25 минут

225 г брюссельской капусты, очищенной, без кочерыжки, порезанной на половинки
1 столовая ложка оливкового масла
Розовая соль
Свежемолотый черный перец
1 чайная ложка хлопьев красного перца
6 ломтиков бекона
1 столовая ложка тертого сыра пармезан

В одной партии:
Калории — 496
Жиры — 36 г
Углеводы — 21 г
Чистые углеводы — 13 г
Клетчатка — 9 г
Белок — 27 г

В порции:
Калории — 248
Жиры — 18 г
Углеводы — 11 г
Чистые углеводы — 7 г
Клетчатка — 5 г
Белок — 14 г

1. Разогрейте духовку до 200°C.
2. В средней миске смешайте брюссельскую капусту с оливковым маслом, приправьте розовой солью и перцем и добавьте хлопья красного перца.
3. Нарежьте бекон на полоски по 2½ см. (Я пользуюсь кухонными ножницами.)
4. Выложите брюссельскую капусту и бекон на противень в один слой. Выпекать около 25 минут. Примерно спустя 15 минут слегка встряхните противень, чтобы переместить капусту, или перемешайте. Нужно, чтобы брюссельская капуста была хрустящей и подрумяненной снаружи.
5. Выньте брюссельскую капусту из духовки. Распределите ее между двумя тарелками, каждую порцию посыпьте сыром пармезан и подавайте на стол.

СОВЕТ ПО ИНГРЕДИЕНТАМ. Просто не используйте сыр пармезан, чтобы сделать это блюдо безмолочным.

ЗАВЕРТУШКА С САЛЯМИ, ПЕППЕРОНИ И СЛИВОЧНЫМ СЫРОМ

Эти завертушки – отличная закуска, которую можно принести на вечеринку или просто держать в холодильнике, чтобы под рукой были кетоориентированные байты. Наполните их чем угодно – например, в последнее время я наслаждаюсь нарезанным пепперончини, он делает любое блюдо намного вкуснее! Еще одна замечательная вещь в этом блюде – нет необходимости готовить. Вам просто нужно немного усилий, чтобы раскатать сливочный сыр.

БЕЗ ГОТОВКИ

ПОРЦИЙ 2
ПОДГОТОВКА 20 минут и 6 часов, чтобы остудить

225 г сливочного сыра комнатной температуры
115 г тонко нарезанной салями
2 столовые ложки ломтиков перерончини (я использую Mezzetta)

В одной партии:
Калории — 1166
Жиры — 107 г
Углеводы — 13 г
Чистые углеводы — 13 г
Клетчатка — 10 г
Белок — 38 г

В порции:
Калории — 583
Жиры — 54 г
Углеводы — 7 г
Чистые углеводы — 7 г
Клетчатка — 0 г
Белок — 19 г

1. Выложите лист полиэтиленовой пленки на большую разделочную доску или столешницу.
2. Поместите сливочный сыр в центр пластиковой пленки, а затем добавьте еще один слой полиэтиленовой пленки сверху. Используя скалку, раскатывайте сливочный сыр до тех пор, пока не получчите ровный слой около 5 мм толщиной. Постарайтесь, чтобы форма немного напоминала прямоугольник.
3. Снимите верхний слой полиэтиленовой пленки.
4. Поместите ломтики салями так, чтобы они перекрывали друг друга и полностью покрываи
слой сливочного сыра.
5. Поместите новый кусок полиэтиленовой пленки поверх слоя салями, чтобы вы могли перевернуть прямоугольник из сливочного сыра и салями. Переверните слой так, чтобы сторона сливочного сыра была сверху.
6. Снимите полиэтиленовую пленку и положите сверху нарезанный пепперончини.
7. Скатайте слоеные ингредиенты в плотное полено, прижимая вместе мясо и сливочный сыр. (Нужно, чтобы оно было как можно плотнее.) Затем оберните рулон полиэтиленовой пленкой и уберите в холодильник минимум на 6 часов, чтобы он застыл.
8. Острым ножом разрежьте полено на ломтики и подавайте на стол.

СОВЕТ ПО ИНГРЕДИЕНТАМ. Вы можете заменить пепперончини различными продуктами, включая нарезанные маринованные огурцы, зеленый лук, халапеньо или нарезанный болгарский перец.

СТЕЙКИ ИЗ ЦВЕТНОЙ КАПУСТЫ С БЕКОНОМ И ГОЛУБЫМ СЫРОМ

В этом рецепте используются знакомые вкусы клин-салата. Но вместо салата-латука в его основе теплый карамелизированный стейк из цветной капусты. Затем его увенчивают соусом с голубым сыром и хрустящим беконом.

30 МИНУТ
ОДНА СКОВОРОДА
ВЕГЕТАРИАНСКОЕ

ПОРЦИЙ 2
ПОДГОТОВКА 5 минут
ВРЕМЯ ГОТОВКИ 20 минут

½ кочана цветной капусты
1 столовая ложка оливкового масла
Розовая соль
Свежемолотый черный перец
4 ломтика бекона
2 столовые ложки салатной заправки с голубым сыром (я использую заправку с кусочками голубого сыра от Trader Joe's)

В одной партии:
Калории — 507
Жиры — 38 г
Углеводы — 22 г
Чистые углеводы — 14 г
Клетчатка — 8 г
Белок — 22 г

В порции:
Калории — 254
Жиры — 19 г
Углеводы — 11 г
Чистые углеводы — 7 г
Клетчатка — 4 г
Белок — 11 г

1. Разогрейте духовку до 220°С. Выстелите противень алюминиевой фольгой или силиконовым противнем.
2. Чтобы приготовить стейки из цветной капусты, удалите и выбросьте листья и нарежьте цветную капусту на кусочки толщиной 2½ см. Вы также можете запечь лишние осыпавшиеся цветочки вместе со стейками.
3. Выложите стейки из цветной капусты на подготовленный противень и смажьте оливковым маслом. Нужно, чтобы поверхность была лишь слегка покрыта маслом, чтобы она карамелизировалась. Приправьте розовой солью и перцем. Положите ломтики бекона на противень вместе с соцветиями цветной капусты.
4. Обжаривайте в течение 20 минут.
5. Выложите стейки из цветной капусты на две тарелки. Полейте соусом из голубого сыра, сверху посыпьте беконом. Подавайте на стол.

СОВЕТ ПО ЗАМЕНЕ. Следуйте тем же инструкциям при приготовлении этого блюда со стейками из белокочанной капусты вместо цветной.

ХАЛАПЕНЬО В БЕКОНЕ

Это мое любимое блюдо осенью и зимой, когда я приклеиваюсь к телевизору, следя за игрой моей команды «Денвер Бронкос»! Его так легко приготовить, всего три ингредиента, но много времени уходит на подготовку. (Я заставляю свою дочь готовить ингредиенты, чтобы не пропустить игру.)

30 МИНУТ
ОДНА СКОВОРОДА

ПОРЦИЙ 4
ПОДГОТОВКА 10 минут
ВРЕМЯ ГОТОВКИ 20 минут

10 халапеньо
225 г сливочного сыра комнатной температуры
455 г бекона (вы будете использовать около половины ломтика на один байт)

В одной партии:
Калории — 3272
Жиры — 268 г
Углеводы — 24 г
Чистые углеводы — 20 г
Клетчатка — 4 г
Белок — 183 г

В порции:
Калории — 164
Жиры — 13 г
Углеводы — 1 г
Чистые углеводы — 1 г
Клетчатка — 0 г
Белок — 9 г

1. Разогрейте духовку до 230°С. Выстелите противень алюминиевой фольгой или силиконовым ковриком.
2. Разрежьте халапеньо вдоль пополам и удалите семена и мембраны (не удаляйте, если вам нравится дополнительная острота). Положите их на подготовленную противень внутренней стороной вверх.
3. Распределите немного сливочного сыра внутри каждой половинки халапеньо.
4. Заверните половину халапеньо с ломтиком бекона (в зависимости от размера халапеньо, используйте целый ломтик бекона или половину).
5. Оберните и закрепите бекон вокруг каждого халапеньо 1-2 зубочистками, чтобы он оставался снаружи во время запекания.
6. Выпекайте 20 минут, пока бекон не станет хрустящим.
7. Подавайте блюдо горячим или при комнатной температуре. В любом случае оно восхитительно!

СОВЕТ ПО ИНГРЕДИЕНТАМ. Когда вы готовите партию свежих халапеньо, рекомендую надевать тонкие резиновые перчатки. Капсаицин перца чили впитывается в кожу, и даже после многократного мытья рук он все еще может вызывать раздражение. Легко забыться и прикоснуться к глазам или лицу.

КРЕМОВЫЙ БРОККОЛИ-БЕКОННЫЙ САЛАТ

Этот свежий, сливочный холодный салат – идеальное дополнение для жареного мяса, рыбы или любого другого летнего блюда. Хрустящая сырая брокколи – это уже прекрасно, но медовая горчица добавляет приятный сладковатый вкус к другим соленым ингредиентам.

ПОРЦИЙ 2
ПОДГОТОВКА 10 минут и минимум 1 час на охлаждение
ВРЕМЯ ГОТОВКИ 10 минут

6 ломтиков бекона
275 г свежей брокколи, нарезанной мелкими соцветиями
¼ стакана нарезанного миндаля
1/3 стакана майонеза
1 столовая ложка медово-горчичной заправки

В одной партии:
Калории — 1097
Жиры — 97 г
Углеводы — 32 г
Чистые углеводы — 22 г
Клетчатка — 10 г
Белок — 32 г

В порции:
Калории — 549
Жиры — 49 г
Углеводы — 16 г
Чистые углеводы — 11 г
Клетчатка — 5 г
Белок — 16 г

1. В большой сковороде около 8 минут на среднем огне обжаривайте бекон с обеих сторон до хрустящей корочки. Переложите его на выложенную бумажным полотенцем тарелку, осушите и охладите в течение 5 минут. Когда бекон остынет, мелко нарежте его.
2. В большой миске смешайте брокколи с миндалем и беконом.
3. В небольшой миске смешайте майонез и медовую горчицу.
4. Добавьте заправку к салату из брокколи и тщательно перемешайте.
5. Охлаждайте салат в течение 1 часа или более перед подачей на стол.

СОВЕТ ПО ЗАМЕНЕ. Вы можете заменить нарезанный миндаль на подсолнечные семечки.

ВАРИАНТЫ. Рассмотрите возможность добавления этих элементов в салат для хруста и сладости:
* ½ красной мелко нарезанной луковицы или мелко нарезанный зеленый лук
* 2 измельченные моркови

ГЛАВА ПЯТАЯ

ЗАКУСКИ ИЗ РЫБЫ И ПТИЦЫ

Основные продукты в моем доме – это курица и рыба. Есть множество способов добавить вкус и жир к этим белкам, чтобы сделать их особенно вкусными и идеально подходящими для кетодиеты. Вы можете наслаждаться любым из этих блюд как они есть или же сочетать их с гарниром из главы четвертой. Если вы ищете хрустящее блюдо со сливочным вкусом, то вы найдете его в этой главе – и не одно. Вы полюбите готовить по этим рецептам.

ЗАПЕЧЕННАЯ МЯСЛЯНО-ЛИМОННАЯ РЫБА

Маслянистая, слоеная рыба – это то, что я могу есть в любой день недели. Лимон – это яркий противовес мягкой рыбе, а каперсы придают блюду пикантный вкус.

30 МИНУТ

ПОРЦИЙ 2
ПОДГОТОВКА 10 минут
ВРЕМЯ ГОТОВКИ 20 минут

4 столовые ложки сливочного масла и еще немного для смазывания
2 (75 г) филе тилапии
Розовая соль
Свежемолотый черный перец
2 измельченных зубчика чеснока
1 лимон, цедра и сок
2 столовые ложки каперсов, промытых и измельченных

В одной партии:
Калории — 597
Жиры — 52 г
Углеводы — 9 г
Чистые углеводы — 6 г
Клетчатка — 2 г
Белок — 29 г

В порции:
Калории — 299
Жиры — 26 г
Углеводы — 5 г
Чистые углеводы — 3 г
Клетчатка — 1 г
Белок — 16 г

1. Разогрейте духовку до 200°C. Смажьте 8-дюймовую форму (20 см) для запекания маслом.
2. Промокните тилапию бумажными полотенцами и приправьте с обеих сторон розовой солью и перцем. Выложите в подготовленную форму для запекания.
3. В средней сковороде на среднем огне растопите сливочное масло. Добавьте чеснок и готовьте в течение 3-5 минут, пока он слегка не подрумянится, но не подгорит.
4. Снимите чесночное масло с огня, добавьте лимонную цедру и 2 столовые ложки лимонного сока.
5. Полейте рыбу лимонно-сливочным соусом и посыпьте каперсами по противню.
6. Выпекайте в течение 12-15 минут, пока рыба не будет готова, и подавайте на стол.

СОВЕТ ПО ЗАМЕНЕ. Вы можете использовать в этом рецепте любую мягкую белую рыбу. Очень вкусным с лимонно-сливочным соусом будет и лосось.

МИСКА РЫБНОГО ТАКО

Это рыбное тако состоит всего из нескольких ингредиентов, с захватывающим вкусом чили, лайма и красного перца и соли с приправами от Tajín. Смесь капустного салата – это экономия времени, и мне очень нравится хруст капусты, смешанной с мягким авокадо.

30 МИНУТ

ПОРЦИЙ 2
ПОДГОТОВКА 10 минут
ВРЕМЯ ГОТОВКИ 15 минут

2 (75 г) филе тилапии
1 столовая ложка оливкового масла
4 чайные ложки соли с приправами от Tajín, добавлять частями
2 стакана предварительно нарезанной смеси капусты для коул слоу3
1 столовая ложка острого красного соуса от Miso Mayo, и еще немного для сервировки
1 давленый авокадо
Розовая соль
Свежемолотый черный перец

В одной партии:
Калории — 629
Жиры — 47 г
Углеводы — 23 г
Чистые углеводы — 10 г
Клетчатка — 14 г
Белок — 32 г

В порции:
Калории — 315
Жиры — 24 г
Углеводы — 12 г
Чистые углеводы — 5 г
Клетчатка — 7 г
Белок — 16 г

1. Разогрейте духовку до 220°С. Выстелите противень алюминиевой фольгой или силиконовым ковриком.
2. Натрите тилапию оливковым маслом, а затем посыпьте ее 2 чайными ложками соли с приправами. Поместите рыбу в подготовленный противень.
3. Выпекайте в течение 15 минут, или пока рыба не станет непрозрачной, когда вы прокалываете ее вилкой. Положите рыбу на охлаждающую решетку и оставьте на 4 минуты.
4. Тем временем в средней миске аккуратно перемешайте капусту и соус от Mayo. Необходимо, чтобы капуста не была очень смоченной, нужно лишь ее заправить. Добавьте к ней пюре из авокадо и оставшиеся 2 чайные ложки соли с приправой, посыпьте розовой солью и перцем. Распределите салат между двумя мисками.
5. С помощью двух вилок измельчите рыбу на мелкие кусочки и добавьте ее в миски.
6. Сверху полейте соусом от Mayo и подавайте на стол.

СОВЕТ ПО ИНГРЕДИЕНТАМ. Если у вас нет острого красного соуса от Miso Mayo, то также отлично подойдет крем из авокадо и лайма (стр. 169).

ГРЕБЕШКИ СО СЛИВОЧНЫМ СОУСОМ И БЕКОНОМ

Я люблю большие, сочные гребешки, приготовленные как следует и облитые сливочным соусом. Когда выбираете их, берите морские гребешки, которые намного больше, чем бухтовые, и избегайте замороженных, с которыми сложнее работать. Не забудьте удалить небольшую боковую мышцу из морских гребешков перед ополаскиванием.

30 МИНУТ

ПОРЦИЙ 2
ПОДГОТОВКА 5 минут
ВРЕМЯ ГОТОВКИ 20 минут

4 ломтика бекона
1 стакан жирных сливок
1 чайная ложка сливочного масла
¼ стакана тертого сыра пармезан
Розовая соль
Свежемолотый черный перец
1 столовая ложка гхи
8 больших морских гребешков, промытых и просушенных

В одной партии:
Калории — 1563
Жиры — 145 г
Углеводы — 21 г
Чистые углеводы — 20 г
Клетчатка — 1 г
Белок — 47 г

В порции:
Калории — 782
Жиры — 73 г
Углеводы — 11 г
Чистые углеводы — 10 г
Клетчатка — 0 г
Белок — 24 г

1. В средней сковороде на среднем огне обжарьте бекон с обеих сторон до хрустящей корочки, примерно 8 минут. Переложите бекон на тарелку, выложенную бумажным полотенцем.
2. Уменьшите огонь до среднего. Добавьте сливки, сливочное масло и сыр пармезан к жиру бекона и приправьте щепоткой розовой соли и перца. Уменьшите огонь до минимума и готовьте около 10 минут, постоянно помешивая, пока соус не загустеет и его не станет на 50 процентов меньше.
3. В отдельной большой сковороде на среднем огне разогрейте гхи до кипения.
4. Приправьте гребешки розовой солью и перцем и добавьте их в сковороду. Готовьте всего по 1 минуте с каждой стороны. Не кладите слишком много гребешков. Если ваша сковорода недостаточно велика, приготовьте их в две партии. Нужно, чтобы гребешки были золотистыми с каждой стороны.
5. Переложите гребешки на выложенную бумажным полотенцем тарелку.
6. Распределите сливочный соус между двумя тарелками, покрошите бекон поверх сливочного соуса, а сверху добавьте по 4 гребешка на каждую тарелку. Подавайте немедленно.

ВАРИАНТЫ. Этот рецепт очень богат, поэтому свежие ароматы становятся идеальным дополнением:

* Перемешайте 175 г свежего шпината с 1 столовой ложкой сливочного масла в небольшой сковороде, стоящей на среднем огне. Готовьте около 1 минуты. Вмешайте в сливочный соус непосредственно перед подачей блюда из гребешков.
* Выжмите сок из ½ лимона и размешайте его в сливочном соусе перед подачей на стол. Украсьте гребешки 1 столовой ложкой нарезанной свежей итальянской петрушки.

КРЕВЕТКИ С АВОКАДО В ЧАШЕЧКЕ ИЗ ЛИСТЬЕВ САЛАТА

Чашечки салата – это отличная альтернатива салату, и кушать их одно удовольствие. Нужно выбрать самые большие листья масляного салата* и наполнить их до краев вкусными креветками, сливочным авокадо и сочными помидорами. Острый красный перец от Miso Mayo – приправа, которую я действительно люблю – пикантный веганский майонез, который добавляет невероятный вкус каждой еде.

30 МИНУТ
ОДНА СКОВОРОДА

ПОРЦИЙ 2
ПОДГОТОВКА 10 минут
ВРЕМЯ ГОТОВКИ 5 минут

1 столовая ложка гхи
225 г креветок (я использую замороженные креветки средней готовности с хвостом, очищенные от кожуры от Trader Joe's)
½ стакана помидоров черри, порезанных пополам
½ порезанного ломтиками авокадо
Розовая соль
Свежемолотый черный перец
4 листа масляного салата, промытых и просушенных
1 столовая ложка острого красного соуса от Miso Mayo

В одной партии:
Калории — 652
Жиры — 36 г
Углеводы — 14 г
Чистые углеводы — 8 г
Клетчатка — 6 г
Белок — 66 г

В порции:
Калории — 326
Жиры — 11 г
Углеводы — 7 г
Чистые углеводы — 4 г
Клетчатка — 3 г
Белок — 33 г

1. В средней сковороде на среднем огне разогрейте гхи. Добавьте креветки и готовьте. (Я использую готовые креветки, поэтому им требуется всего около 1 минуты, чтобы нагреться, и я переворачиваю их через 30 секунд. Приготовление сырых креветок занимает около 2 минут.) Приправьте розовой солью и перцем. Креветки готовы, когда они станут розовыми и непрозрачными.
2. Приправьте помидоры и авокадо розовой солью и перцем.
3. Распределите чашечки салата между двумя тарелками. Наполните каждую креветками, помидорами и авокадо. Сверху полейте майонезом и подавайте на стол.

СОВЕТ ПО ЗАМЕНЕ.
Острый красный соус от Miso Mayo можно купить в большинстве супермаркетов. Но если вы не можете найти его, сделайте свой собственный Шрирача Майо (стр. 171).

* Масляный салат – ряд сортов салата-латука, отличающихся слоем растительного жира на листьях. К масляным сортам относятся, например, «кадо», «берлинский», «масяный король» и другие.

КРЕВЕТКИ В ЧЕСНОЧНОМ МАСЛЕ

Вам нужно подождать лишь 15 минут, чтобы положить это маслянистое чудо в рот! Я люблю еду, которую можно приготовить в одной сковороде, и я люблю еду, где масло является одним из основных ингредиентов, так что это идеальное блюдо для меня и для всех, кто на кетодиете.

30 МИНУТ
ОДНА СКОВОРОДА

ПОРЦИЙ 2
ПОДГОТОВКА 10 минут
ВРЕМЯ ГОТОВКИ 15 минут

3 столовые ложки сливочного масла
225 г креветок (я использую замороженные креветки средней готовности с хвостом, очищенные от кожуры от Trader Joe's)
Розовая соль
Свежемолотый черный перец
1 лимон, разрезанный на половинки
2 измельченных зубчика чеснока
¼ чайной ложки хлопьев красного перца (по желанию)

В одной партии:
Калории — 658
Жиры — 40 г
Углеводы — 10 г
Чистые углеводы — 8 г
Клетчатка — 2 г
Белок — 64 г

В порции:
Калории — 329
Жиры — 20 г
Углеводы — 5 г
Чистые углеводы — 4 г
Клетчатка — 1 г
Белок — 32 г

1. Разогрейте духовку до 220°C.
2. Поместите масло в 8-дюймовую форму для выпечки (20 см) и поставьте ее в разогревающуюся духовку до тех пор, пока масло не растает.
3. Приправьте креветки розовой солью и перцем.
4. Одну половину лимона нарежьте тонкими ломтиками, а другую — на 2 дольки.
5. В форме для запекания добавьте к сливочному маслу креветки и чеснок. Креветки должны лежать в один слой. Добавьте ломтики лимона. Сверху посыпьте хлопьями красного перца (если используете).
6. Запекайте креветки в течение 15 минут, помешав спустя 7 минут.
7. Выньте креветки из духовки и выжмите сок из 2-х долек лимона на блюдо. Подавать горячим.

СОВЕТ ПО ИНГРЕДИЕНТАМ. Используйте лишний масляный соус, чтобы полить макароны из цуккини или лапшу от Miracle и подавайте вместе с креветками.

ЧЕСНОЧНЫЙ ЛОСОСЬ С ПАРМЕЗАНОМ И СПАРЖЕЙ

Для меня это просто еда навынос. Я использую либо отдельные филе лосося, либо одно большое филе. Восхитительный чесночно-масляный соус покрывает лосося и спаржу, создавая чудесный вкус.

30 МИНУТ
ОДНА СКОВОРОДА

ПОРЦИЙ 2
ПОДГОТОВКА 10 минут
ВРЕМЯ ГОТОВКИ 15 минут

2 (175 г) филе лосося с кожей
Розовая соль
Свежемолотый черный перец
455 г свежей спаржи с отрезанными кончиками
3 столовые ложки сливочного масла
2 измельченных зубчика чеснока
¼ стакана тертого сыра пармезан

В одной партии:
Калории — 867
Жиры — 52 г
Углеводы — 20 г
Чистые углеводы — 11 г
Клетчатка — 10 г
Белок — 83 г

В порции:
Калории — 434
Жиры — 26 г
Углеводы — 10 г
Чистые углеводы — 6 г
Клетчатка — 5 г
Белок — 42 г

1. Разогрейте духовку до 200°С. Выстелите противень алюминиевой фольгой или силиконовым ковриком.
2. Промокните лосося насухо бумажным полотенцем и приправьте с обеих сторон розовой солью и перцем.
3. Поместите лосося в середину подготовленного противня, а спаржу разложите вокруг него.
4. В небольшой кастрюле на среднем огне растопите сливочное масло. Добавьтс измсльченный чеснок и мешайте около 3 минут, пока чеснок не начнет коричневеть.
5. Полейте чесночно-сливочным соусом лосося и спаржу, а сверху высыпьте сыр пармезан.
6. Запекайте около 12 минут, пока лосось не будет готов, а спаржа не станет хрустящей и нежной. Вы можете переключить духовку на режим гриля в конце времени приготовления примерно на 3 минуты, чтобы получить небольшую корочку на спарже.
7. Подавать горячим.

СОВЕТ ПО ЗАМЕНЕ. Если у вас нет спаржи, вы можете использовать свежую зеленую фасоль.

РУМЯНЫЙ ЛОСОСЬ С РИСОМ

Я люблю миски с поке*. Я ем их постоянно, потому что сырой лосось – одно из моих любимых блюд. Я не могу технически назвать это творение «поке», но оно было вдохновлено теми же вкусами.

ПОРЦИЙ 2
ПОДГОТОВКА 10 минут и 30 минут для маринования
ВРЕМЯ ГОТОВКИ 10 минут

2 (175 г) филе лосося с кожей
4 столовые ложки соевого соуса (или кокосовые аминокислоты), добавлять частями
2 маленьких персидских огурца или ½ большого английского огурца
1 столовая ложки гхи
1 пачка (225 г) риса ширатаки от Miracle
1 авокадо, порезанное кубиками
Розовая соль
Свежемолотый черный перец

В одной партии:
Калории — 655
Жиры — 35 г
Углеводы — 15 г
Чистые углеводы — 9 г
Клетчатка — 6 г
Белок — 71 г

В порции:
Калории — 328
Жиры — 18 г
Углеводы — 8 г
Чистые углеводы — 5 г
Клетчатка — 3 г
Белок — 36 г

1. Поместите лосося в 8-дюймовую форму для запекания (20 см) и добавьте 3 столовые ложки соевого соуса. Накройте крышкой и маринуйте в холодильнике в течение 30 минут.
2. Тем временем нарежьте огурцы тонкими ломтиками, положите их в небольшую миску и добавьте оставшуюся 1 столовую ложку соевого соуса. Отставьте в сторону для маринования.
3. В средней сковороде на среднем огне растопите гхи. Выложите лососевое филе кожей вниз. Залейте лосося маринадом из соевого соуса и обжаривайте рыбу в течение 3-4 минут с каждой стороны.
4. Тем временем в большой кастрюле сварите рис ширатаки по инструкции на упаковке:
1) В дуршлаге промойте рис ширатаки под холодной водой.
2) В кастрюле, наполненной кипящей водой, варите рис в течение 2 минут.
3) Переложите рис в дуршлаг. Высушите кастрюлю.
4) Переложите рис на сухую сковороду и жарьте на среднем огне до тех пор, пока он не станет сухим и непрозрачным.
5. Приправьте авокадо розовой солью и перцем.
6. Выложите филе лосося на тарелку и снимите с него кожу. Порежьте лосося кусочками на один укус.
7. Возьмите две миски, выложите в каждой из них слой риса от Miracle. Сверху положите огурцы, авокадо и лосося и подавайте на стол.

ВАРИАНТЫ

Интересная часть приготовления этого блюда – это придумывание начинки! Некоторые из моих любимых включают:
* Miso Mayo.
* Фурикаке (смесь семян кунжута и морских водорослей).
* Свежеприготовленного краба.
* Нарезанный зеленый лук.
* Свеженарезанный очищенный имбирь.
* Васаби.

* Поке – блюдо гавайской кухни из нарезанной сырой рыбы.

ОЛАДЬИ ИЗ ЛОСОСЯ И СВИНЫХ ШКВАРОК

Этот вариант рыбного пирога приготовить легко, потому что в нем используется консервированный лосось. Я люблю консервированную рыбу от Wild Planet, потому что это свежевыловленная дикая горбуша. Вкус потрясающий, и мне нравится знать, что я ем продукт самого высокого качества. Измельченные свиные шкварки помогают скрепить пироги, как панировка, но с большей пользой.

30 МИНУТ

ПОРЦИЙ 2
ПОДГОТОВКА 10 минут
ВРЕМЯ ГОТОВКИ 10 минут

175 г консервированного лосося от Wild Alaska, жидкость слить
2 столовые ложки дробленых свиных шкварок
1 яйцо, слегка взбитое
3 столовые ложки майонеза, добавлять частями
Розовая соль
Свежемолотый черный перец
1 столовая ложки гхи
½ столовой ложки дижонской горчицы

В одной партии:
Калории — 1483
Жиры — 139 г
Углеводы — 34 г
Чистые углеводы — 22 г
Клетчатка — 12 г
Белок — 54 г

В порции:
Калории — 247
Жиры — 23 г
Углеводы — 6 г
Чистые углеводы — 4 г
Клетчатка — 2 г
Белок — 8 г

1. В средней миске смешайте лосося, свиные шкварки, яйцо и 1½ столовые ложки майонеза, приправьте розовой солью и перцем.
2. Из лососевой смеси сформируйте котлеты размером с хоккейную шайбу или меньше. Продолжайте лепить котлеты, пока они не станут плотными.
3. В средней сковороде на среднем огне растопите гхи. Когда гхи зашипит, положите на сковороду котлеты с лососем. Готовьте около 3 минут с каждой стороны, пока не подрумянится. Переложите котлеты на тарелку с бумажным полотенцем.
4. В небольшой миске смешайте оставшиеся 1½ столовые ложки майонеза и горчицу.
5. Подавайте кексы из лосося с майонезно-горчичным соусом-дипом.

СОВЕТ ПО ИНГРЕДИЕНТАМ. Я рекомендую покупать дикого лосося, а не выращенного на ферме. В некоторых магазинах есть и то, и другое, и, по моему опыту, если он помечен как «атлантический лосось», он выращивается на ферме, поэтому читайте этикетки.

СЛИВОЧНЫЙ ЛОСОСЬ С УКРОПОМ

Лосось – моя любимая еда. Я наслаждаюсь им во всех формах: копченым, запеченным или обжаренным. Этот рецепт лосося настолько простой и сливочный, что я люблю готовить его для гостей. Майонез – это вкусный способ создать невероятно сочную рыбу или птицу и получить полезные жиры. А свежий укроп – идеальный травяной акцент для лосося.

30 МИНУТ
ОДНА СКОВОРОДА

ПОРЦИЙ 2
ПОДГОТОВКА 10 минут
ВРЕМЯ ГОТОВКИ 10 минут

2 столовые ложки растопленного гхи
2 филе лосося (175 г) с кожей
Розовая соль
Свежемолотый черный перец
¼ стакана майонеза
1 столовая ложка дижонской горчицы
2 столовые ложки измельченного свежего укропа
Щепотка чесночного порошка

В одной партии:
Калории — 1019
Жиры — 82 г
Углеводы — 4 г
Чистые углеводы — 3 г
Клетчатка — 1 г
Белок — 66 г

В порции:
Калории — 510
Жиры — 41 г
Углеводы — 2 г
Чистые углеводы — 2 г
Клетчатка — 1 г
Белок — 33 г

1. Разогрейте духовку до 230°С. Смажьте форму для выпечки размером 9 на 13 дюймов (примерно 22х33 см) маслом гхи.
2. Обсушите лосося бумажными полотенцами, приправьте с обеих сторон розовой солью и перцем и выложите в подготовленную форму для выпечки.
3. В небольшой миске смешайте майонез, горчицу, укроп и чесночный порошок.
4. Намажьте майонезным соусом оба кусочка лосося так, чтобы он полностью покрывал верх рыбы.
5. Запекайте в течение 7-9 минут, в зависимости от того, какого лосося вы предпочитаете: 7 минут для средней прожарки и 9 минут для хорошо прожаренного. Подавайте.

СОВЕТ ПО ИНГРЕДИЕНТАМ. Многие люди не думают, то кожа лосося съедобна, но большое количество полезных жиров в лососе содержится в коже. Кроме того, приготовление рыбы с кожей помогает удерживать влагу во время запекания.

КУРИЦА В СОУСЕ «АЛЬФРЕДО» С БАЗИЛИКОМ И ЛАПШОЙ ШИРАТАКИ

Лапша от Miracle – один из моих любимых продуктов, который я открыла для себя после того, как села на кетодиету. Поначалу она может вас озадачить, потому что процесс приготовления этой лапши отличается от того, к чему вы привыкли. Но она полностью удовлетворит вашу любовь к макаронам. В этой вкусной «пасте» используется лапша ширатаки, сливочный соус «Альфредо», курица и свежая зелень. Сытно и вкусно!

30 МИНУТ

ПОРЦИЙ 2
ПОДГОТОВКА 10 минут
ВРЕМЯ ГОТОВКИ 15 минут

ДЛЯ ЛАПШИ

1 пачка (195 г) Фетуччини с ширатаки от Miracle

ДЛЯ СОУСА

1 столовая ложка оливкового масла
115 г приотовленной нашинкованной курицы (я использую купленную в магазине курицу-гриль)
Розовая соль
Свежемолотый черный перец
1 стакан соуса «Альфредо» (стр. 176) или любого бренда, что вам нравится
¼ стакана тертого сыра пармезан
2 столовые ложки свежих нарезанных листьев базилика

В одной партии:
Калории — 1346
Жиры — 122 г
Углеводы — 8 г
Чистые углеводы — 8 г
Клетчатка — 0 г
Белок — 58 г

В порции:
Калории — 673
Жиры — 61 г
Углеводы — 4 г
Чистые углеводы — 4 г
Клетчатка — 0 г
Белок — 29 г

ГОТОВИМ ЛАПШУ

Следуйте инструкциям на упаковке:
1. В дуршлаге промойте лапшу холодной водой (конечно, у лапши ширатаки есть запах, и полоскание холодной водой поможет его удалить).
2. Наполните большую кастрюлю водой и доведите до кипения на сильном огне. Добавьте лапшу и варите 2 минуты. Слейте воду.
3. Переложите лапшу на большую сухую сковороду, стоящую на среднем огне, чтобы выпарить всю влагу. Не смазывайте сковороду жиром, она должна быть сухой. Переложите лапшу на тарелку и отставьте в сторону.

ГОТОВИМ СОУС

1. В кастрюле на среднем огне разогрейте оливковое масло. Добавьте готовую курицу. Приправьте розовой солью и перцем.
2. Залейте курицу соусом «Альфредо» и нагревайте, пока он не станет теплым. Приправьте еще розовой солью и перцем.
3. Добавьте подсушенную лапшу в соусную смесь и хорошо перемешайте.
4. Распределите пасту на две тарелки, сверху положите сыр пармезан и нарезанный базилик и подавайте на стол.

СОВЕТ ПО ЗАМЕНЕ. Чтобы сделать это блюдо вегетарианским, вам нужно только заменить измельченную курицу на слегка обжаренные грибы.

КУРИНАЯ КЕСАДИЛЬЯ

Есть что-то такое простое и приятное в куриной кесадилье. Это одно из тех блюд, которые любят все. Я часто готовлю их для своей дочери, потому что в большинстве случаев, если вы спросите ее, чего она хочет — она попросит кесадилью. В наше время на рынке есть много низкоуглеводных вариантов тортилий, что делает блюдо более легким, чем когда-либо, и вы можете наслаждаться кесадильей, не употребляя много углеводов.

30 МИНУТ
ОДНА СКОВОРОДА

ПОРЦИЙ 2
ПОДГОТОВКА 5 минут
ВРЕМЯ ГОТОВКИ 5 минут

1 столовая ложка оливкового масла
2 низкоуглеводных тортильи
½ чашки смеси тертых мексиканских сыров
60 г нашинкованной курицы (я использую купленную в магазине курицу-гриль)
1 чайная ложка соли с приправами Tajin
2 столовые ложки сметаны

В одной партии:
Калории — 827
Жиры — 55 г
Углеводы — 48 г
Чистые углеводы — 14 г
Клетчатка — 34 г
Белок — 52 г

В порции:
Калории — 414
Жиры — 28 г
Углеводы — 24 г
Чистые углеводы — 7 г
Клетчатка — 17 г
Белок — 26 г

1. В большой сковороде на среднем огне разогрейте оливковое масло. Добавьте лепешку, затем сверху ¼ стакана сыра, курицу, приправу Tajin и оставшийся ¼ стакана сыра. Сверху положите вторую лепешку.
2. Загляните под край нижней лепешки, чтобы следить, как она подрумянивается. Как только нижняя лепешка станет золотистой, а сыр начнет плавиться, примерно через 2 минуты кесадилью надо перевернуть. Вторая сторона будет готовиться быстрее, около 1 минуты.
3. Как только вторая лепешка станет хрустящей и золотистой, переложите кесадилью на разделочную доску и оставьте на 2 минуты. Разрежьте кесадилью на 4 клина с помощью ножа для пиццы или поварского ножа.
4. Переложите половину кесадильи на каждую из двух тарелок. Добавьте по 1 столовой ложке сметаны в каждую тарелку и подавайте горячим.

СОВЕТ ПО ИНГРЕДИЕНТАМ. Оливковое масло в сковороде — это то, что делает тортилью красиво золотистой и хрустящей.

ВАРИАНТЫ. Вы можете добавлять в кесадилью почти бесконечное количество вкусных элементов. Попробуйте традиционные мексиканские добавки или неожиданные комбинации:

* Остатки нарезанного стейка и ломтики авокадо —это восхитительные начинки.
* Для итальянской кесадильи попробуйте измельченную моцареллу, пепперони, нарезанный пепперончини и тертый пармезан.

КУРИНЫЕ КРЫЛЫШКИ С ПАРМЕЗАНОМ И ЧЕСНОКОМ

Я люблю готовить эти куриные крылышки в мультиварке. Я всегда начинаю их в выходные утром, и весь день они наполняют дом удивительными ароматами масла и чеснока. Затем, в самом конце приготовления, я кладу их под гриль, чтобы они стали хрустящими.

ПОРЦИЙ 2
ПОДГОТОВКА 10 минут
ВРЕМЯ ГОТОВКИ 3 минуты

8 столовых ложек (115 г) сливочного масла
2 измельченных зубчика чеснока
1 столовая сухих итальянских специй
¼ стакана тертого сыра пармезан и еще ½ стакана
Розовая соль
Свежемолотый черный перец
455 г куриных крылышек

В одной партии:
Калории — 1476
Жиры — 131 г
Углеводы — 7 г
Чистые углеводы — 7 г
Клетчатка — 0 г
Белок — 77 г

В порции:
Калории — 738
Жиры — 66 г
Углеводы — 4 г
Чистые углеводы — 4 г
Клетчатка — 0 г
Белок — 39 г

1. Разогрейте мультиварку до максимума, поставив в нее кастрюлю. Выстелите противень алюминиевой фольгой или силиконовым ковриком.
2. Положите сливочное масло, чеснок, итальянскую приправу и ¼ стакана сыра пармезан в мультиварку и приправьте розовой солью и перцем. Дайте маслу растаять и мешайте ингредиенты до тех пор, пока они хорошо не перемешаются.
3. Добавьте курипые крылышки и псрсмсшайтс, пока смссь не покроется сливочным маслом.
4. Накройте крышкой мультиварку и готовьте 2 часа 45 минут.
5. Разогрейте гриль.
6. Переложите крылышки на подготовленный противень, посыпьте оставшейся ½ стакана сыра пармезан поверх крылышек и готовьте под грилем до хрустящей корочки, около 5 минут.
7. Подавать горячим.

СОВЕТ ПО ИНГРЕДИЕНТАМ. Мне нравится покупать смесь свежих (не замороженных) целых куриных крылышек и плечевой части крылышка.

КУРИНЫЕ ШАШЛЫЧКИ С АРАХИСОВЫМ СОУСОМ

Традиционный куриный сатэй* обычно содержит намного больше ингредиентов, чем этот рецепт, поэтому я не называю его сатэем, хотя этот рецепт был вдохновлен именно его вкусами. Я редко ем арахисовое масло, но не могу отказаться от острого арахисового соуса! Добавьте столько же соуса шрирача или меньше, сколько хотите, чтобы контролировать уровень специй.

ПОРЦИЙ 2
ПОДГОТОВКА 10 минут и 1 час для маринования
ВРЕМЯ ГОТОВКИ 15 минут

455 г нарезанных на кусочки куриных грудок без костей и кожи
3 столовые ложки соевого соуса (или кокосовых аминокислот), добавлять частями
3 чайные ложки темного кунжутного масла, добавлять частями
Гхи для смазывания
2 столовые ложки арахисового масла
Розовая соль
Свежемолотый черный перец

В одной партии:
Калории — 1171
Жиры — 57 г
Углеводы — 11 г
Чистые углеводы — 9 г
Клетчатка — 2 г
Белок — 149 г

В порции:
Калории — 586
Жиры — 29 г
Углеводы — 6 г
Чистые углеводы — 5 г
Клетчатка — 1 г
Белок — 75 г

1. В большой пакет с zip-замком сложите кусочки курицы с 2 столовыми ложками соевого соуса, ½ чайной ложки соуса шрирача и 2 чайными ложками кунжутного масла. Запечатайте пакет и позвольте курице мариноваться в течение часа или около того в холодильнике или оставьте на ночь.
2. Если вы используете деревянные 8-дюймовые шампуры (примерно 20 см), замочите их в воде на 30 минут перед использованием.
3. Мне нравится использовать мою сковороду-гриль для шампуров, потому что у меня нет гриля на открытом воздухе. Если у вас нет сковороды-гриль, вы можете использовать большую сковороду. Разогрейте сковороду или гриль до минимума. Смажьте сковороду-гриль маслом гхи.
4. Нанижите кусочки курицы на шампуры.
5. Готовьте шампуры на медленном огне в течение 10-15 минут, переворачивая в процессе.
6. Тем временем сделайте арахисовый соус. Смешайте вместе оставшуюся 1 столовую ложку соевого соуса, ¼ чайной ложки соуса шрирача, 1 чайную ложку кунжутного масла и арахисовое масло. Приправить розовой солью и перцем.
7. Подавайте куриные шашлыки с небольшой миской арахисового соуса.

СОВЕТ ПО ИНГРЕДИЕНТАМ. Кокосовые аминокислоты имеют такой же вкус, как и соевый соус, но не содержат глютена и палеоориентированы.

* Сатэй – индонезийское блюдо из курицы на шпажках.

ТУШЕНЫЕ КУРИНЫЕ БЕДРА С ОЛИВКАМИ «КАЛАМАТА»

Куриные бедра – это не то блюдо, что я готовила года два назад. Моя дочь любит их, и я тоже люблю, потому что они такие нежные и вкусные, с хрустящей кожицей, но нужно немного практики, чтобы приготовить их правильно. Секрет в том, чтобы начать готовить на плите, дать им подойти, чтобы кожица стала приятной и хрустящей, а затем перенести их в духовку, чтобы они пропеклись и стали нежными. Используйте чугунную сковороду или другую сковороду, безопасную для духовки.

ОДНА СКОВОРОДА

ПОРЦИЙ 2
ПОДГОТОВКА 10 минут
ВРЕМЯ ГОТОВКИ 40 минут

4 куриных бедра с кожей
Розовая соль
Свежемолотый черный перец
2 столовые ложки гхи
½ стакана куриного бульона
½ лимона, порезанного на ломтики
Сок из ½ лимона
½ стакана оливки «каламата» без косточек
2 столовые ложки сливочного масла

В одной партии:
Калории — 1134
Жиры — 94 г
Углеводы — 4 г
Чистые углеводы — 4 г
Клетчатка — 3 г
Белок — 65 г

В порции:
Калории — 567
Жиры — 47 г
Углеводы — 4 г
Чистые углеводы — 2 г
Клетчатка — 2 г
Белок — 33 г

1. Разогрейте духовку до 190°C.
2. Промокните куриные бедра насухо бумажными полотенцами и приправьте розовой солью и перцем.
3. В средней безопасной для духовки сковороде или высокой форме для запекания на среднем огне растопите гхи. Когда гхи растает и станет горячим, выложите куриные бедра кожей вниз и оставьте их примерно на 8 минут или пока кожица не подрумянится.
4. Переверните курицу и готовьте в течение 2 минут на второй стороне. Вокруг ножек влейте куриный бульон, добавьте ломтики лимона, лимонный сок и оливки.
5. Запекайте в духовке около 30 минут, пока курица не будет готова.
6. Добавьте сливочное масло в бульонную смесь.
7. Распределите курицу и оливки между двумя тарелками и подавайте на стол.

СОВЕТ ПО ИНГРЕДИЕНТАМ. Если хотите, в этом блюде вы можете использовать любые оливки, какие вам нравятся, вместо «каламаты».

МЯСЛЯНО-ЧЕСНОЧНАЯ КУРИЦА

Курица, пропитанная маслом? Я хочу ее! Эта курица такая сочная и вкусная, и в конце вы обязательно захотите зачерпнуть ложкой все лишнее масло.

ПОРЦИЙ 2
ПОДГОТОВКА 5 минут
ВРЕМЯ ГОТОВКИ 40 минут

2 столовые ложки растопленного гхи
2 куриные грудки без кости и кожи
Розовая соль
Свежемолотый черный перец
1 столовая ложка сухих итальянских специй
4 столовые ложки сливочного масла
2 измельченных зубчика чеснока
¼ стакана тертого сыра пармезан

В одной партии:
Калории — 1283
Жиры — 89 г
Углеводы — 3 г
Чистые углеводы — 3 г
Клетчатка — 0 г
Белок — 114 г

В порции:
Калории — 642
Жиры — 45 г
Углеводы — 2 г
Чистые углеводы — 2 г
Клетчатка — 0 г
Белок — 57 г

1. Разогрейте духовку до 190°С. Выберите форму для выпечки, которая достаточно велика, чтобы вместить обе куриные грудки, и смажьте ее гхи.
2. Куриные грудки обсушить и приправить розовой солью, перцем и итальянскими специями. Положите курицу в блюдо для запекания.
3. В средней сковороде на среднем огне растопите сливочное масло. Добавьте измельченный чеснок и готовьте около 5 минут. Нужно, чтобы чеснок слегка подрумянился, но не подгорел.
4. Снимите сливочно-чесночную смесь с огня и полейте ею куриные грудки.
5. Готовьте курицу в духовке от 30 до 35 минут, пока она не будет готова. Посыпьте каждую куриную грудку сыром пармезан. Дайте курице полежать в форме для запекания в течение 5 минут.
6. Распределите курицу между двумя тарелками, залейте ее масляным соусом и подавайте на стол.

СОВЕТ ПО ЗАМЕНЕ. Если у вас нет сушеных итальянских специй, вы можете сделать свою собственную смесь из сушеных трав и специй, которые найдутся в вашем шкафчике. Смешайте вместе столько ингредиентов, сколько у вас есть: по 1 чайной ложке сушеного базилика, орегано, тимьяна, розмарина, шалфея, чесночного порошка и кинзы.

КУРИЦА С СЫРОМ, БЕКОНОМ И БРОККОЛИ

Я думаю, мне бы понравилось все, что угодно, тушеное в сливочном сыре и покрытое беконом, и эта еда не исключение. Этот рецепт расскажет вам, как запекать куриные грудки и бекон. Однако я обычно готовлю это блюдо, когда у меня есть остатки обоих продуктов, поэтому я могу собрать его молниеносно.

ПОРЦИЙ 2
ПОДГОТОВКА 10 минут
ВРЕМЯ ГОТОВКИ 1 час

2 столовые ложки гхи
2 куриные грудки без кости и кожи
Розовая соль
Свежемолотый черный перец
4 ломтика бекона
175 г сливочного сыра комнатной температуры
2 стакана замороженных соцветий брокколи (нужно разморозить их перед приготовлением)
½ стакана тертого чары чеддер

В одной партии:
Калории — 1869
Жиры — 132 г
Углеводы — 20 г
Чистые углеводы — 15 г
Клетчатка — 5 г
Белок — 149 г

В порции:
Калории — 935
Жиры — 66 г
Углеводы — 10 г
Чистые углеводы — 8 г
Клетчатка — 3 г
Белок — 75 г

1. Разогрейте духовку до 190°C.
2. Выберите форму для выпечки, которая достаточно велика, чтобы вместить обе куриные грудки, и смажьте их гхи.
3. Промокните куриные грудки бумажным полотенцем и приправьте розовой солью и перцем.
4. Поместите куриные грудки и ломтики бекона в форму для запекания и выпекайте в течение 25 минут.
5. Перенесите курицу на разделочную доску и используйте две вилки, чтобы измельчить ее. Приправьте ее снова розовой солью и перцем.
6. Положите бекон на выложенную бумажным полотенцем тарелку, чтобы он подсох, а затем раскрошите его.
7. В средней миске смешайте сливочный сыр, измельченную курицу, брокколи и половину крошек бекона. Переложите куриную смесь в форму для запекания, сверху выложите чеддер и оставшуюся половину бекона.
8. Выпекайте, пока сыр не начнет пузыриться и не подрумянится, около 35 минут, и подавайте.

СОВЕТ ПО ИНГРЕДИЕНТАМ. Если хотите, вы можете заменить брокколи на цветную капусту.

ЗАПЕЧЕННАЯ КУРИЦА С ПАРМЕЗАНОМ

Я готовлю это блюдо из курицы уже целую вечность. Это самый простой рецепт: вы в основном тушите курицу в майонезе, и майонез делает ее нежной и сочной. В последние годы я добавляю кетоориентированные измельченные свиные шкварки и немного итальянских специй, что делает блюдо идеальным для кетодиеты.

30 МИНУТ
ОДНА СКОВОРОДА

ПОРЦИЙ 2
ПОДГОТОВКА 5 минут
ВРЕМЯ ГОТОВКИ 20 минут

2 столовые ложки гхи
2 куриные грудки без кости и кожи
Розовая соль
Свежемолотый черный перец
½ стакана майонеза
¼ тертого сыра пармезан
1 столовая ложка сухих итальянских специй
¼ стакана дробленых свиных шкварок

В одной партии:
Калории — 1700
Жиры — 133 г
Углеводы — 4 г
Чистые углеводы — 4 г
Клетчатка — 0 г
Белок — 119 г

В порции:
Калории — 850
Жиры — 67 г
Углеводы — 2 г
Чистые углеводы — 2 г
Клетчатка — 0 г
Белок — 60 г

1. Разогрейте духовку до 220°С. Выберите форму для выпечки, которая достаточно велика, чтобы вместить обе куриные грудки, и смажьте ее маслом гхи.
2. Промокните куриные грудки бумажным полотенцем, приправьте розовой солью и перцем и положите в подготовленную форму для запекания.
3. В небольшой миске смешайте майонез, сыр пармезан и итальянские специи.
4. Равномерно намажьте майонезной смесью куриные грудки, а сверху посыпьте дробленными свиными шкварками.
5. Выпекайте около 20 минут, пока начинка не подрумянится, и подавайте.

СОВЕТ ПО ИНГРЕДИЕНТАМ. Вы можете исключить свиные шкварки, если у вас их нет, но они добавляют приятную текстуру.

ХРУСТЯЩАЯ КУРИЦА ПО-МИЛАНСКИ

Когда не знаю, что приготовить, я делаю это блюдо из курицы. Его люблю я, его любит моя дочь — на самом деле, я не могу себе представить, чтобы кто-то его не любил. Секрет блюда заключается в том, чтобы отбить курицу так тонко, чтобы она готовилась быстро.

30 МИНУТ

ПОРЦИЙ 2
ПОДГОТОВКА 10 минут
ВРЕМЯ ГОТОВКИ 10 минут

2 куриные грудки без кости и кожи
½ стакана кокосовой муки
1 чайная ложка молотого кайенского перца
Розовая соль
Свежемолотый черный перец
1 яйцо, слегка взбитое
½ стакана дробленых свиных шкварок
2 столовые ложки оливкового масла

В одной партии:
Калории — 1207
Жиры — 57 г
Углеводы — 33 г
Чистые углеводы — 13 г
Клетчатка — 20 г
Белок — 130 г

В порции:
Калории — 604
Жиры — 29 г
Углеводы — 17 г
Чистые углеводы — 7 г
Клетчатка — 10 г
Белок — 65 г

1. Отбейте куриные грудки тяжелым молотком, пока они не станут толщиной около 1 см. (Если у вас нет кухонного молотка, вы можете использовать толстый край тяжелой тарелки.)
2. Приготовьте две отдельные подготовительные тарелки и одну небольшую неглубокую миску.
* На одну тарелку насыпьте кокосовую муку, кайенский перец, розовую соль и перец. Смешайте все.
* Разбейте яйцо в небольшую миску и слегка взбейте его вилкой или венчиком.
* На вторую тарелку положите измельченные свиные шкварки.
3. В большой сковороде на среднем огне разогрейте оливковое масло.
4. Обваляйте 1 куриную грудку с обеих сторон в кокосовой смеси. Окуните курицу в яйцо. Затем погрузите ее в смесь из свиных шкварок, вдавливая свиные шкурки в курицу, чтобы они прилипли. Поместите филе в горячую сковороду и повторите с другой куриной грудкой.
5. Готовьте курицу в течение 3-5 минут с каждой стороны, пока она не станет коричневой, хрустящей и прожаренной. Подавайте.

СОВЕТ ПО ЗАМЕНЕ. Если вы предпочитаете более мягкую пищу, можно заменить кайенский перец тертым сыром пармезан.

ЗАПЕЧЕННЫЕ КУРИНЫЕ ГОЛЕНИ С ЧЕСНОКОМ И ПАПРИКОЙ

Голени всегда стоят ожидания. Я люблю слоистость вкусов и хрустящую куриную кожицу. Сочетание вкусов чеснока, паприки и трав подарит вам настоящее наслаждение.

ПОРЦИЙ 2
ПОДГОТОВКА 10 минут
ВРЕМЯ ГОТОВКИ 55 минут

455 г куриных голеней с кожей
Розовая соль
Свежемолотый черный перец
2 столовые ложки гхи
2 измельченных зубчика чеснока
1 чайная ложка паприки
1 чайная ложка сухих итальянских специй
225 г свежей зеленой фасоли
1 чайная ложка оливкового масла

В одной партии:
Калории — 1400
Жиры — 90 г
Углеводы — 19 г
Чистые углеводы — 12 г
Клетчатка — 7 г
Белок — 126 г

В порции:
Калории — 700
Жиры — 45 г
Углеводы — 10 г
Чистые углеводы — 6 г
Клетчатка — 4 г
Белок — 63 г

1. Разогрейте духовку до 220°С. Выложите противень размером 9 на 13 дюймов (23х33 см) алюминиевой фольгой или силиконовым ковриком.
2. Промокните куриные ножки насухо бумажными полотенцами, положите их в большую миску и приправьте розовой солью и перцем по всей поверхности с обеих сторон.
3. В небольшой кастрюле на среднем огне смешайте гхи, чеснок, паприку и итальянские специи. Мешайте в течение 30 секунд и дайте настояться в течение 5 минут, чтобы объединить вкусы.
4. Полейте соусом куриные ножки и перемешайте, чтобы покрыть их равномерно. Приправьте еще раз розовой солью и перцем.
5. Разложите куриные ножки на одной стороне подготовленного противня, оставив место для овощей.
6. Запекайте курицу в течение 30 минут, затем вытащите ее из духовки. Выложите зеленую фасоль на пустую половину противня и переверните куриные ножки. Сбрызните фасоль оливковым маслом, приправьте розовой солью и перцем.
7. Запекайте еще 15-20 минут, пока курица не прожарится, а кожица не станет хрустящей, и подавайте.

СОВЕТ ПО ЗАМЕНЕ. Вы можете заменить итальянские специи любыми травами или специями на ваш вкус, например, индийской смесью специй, такой, как гарам масала, или китайской приправой из пяти специй.

СЛИВОЧНАЯ КУРИЦА В МУЛЬТИВАРКЕ

Сливочное блюдо из мультиварки идеально подходит для прохладных дней. Вы можете приготовить это блюдо очень быстро, а затем наслаждаться ароматами в течение следующих четырех часов, пока блюдо готовится. Свежий шпинат, добавленный в конце приготовления, добавляет красивый цвет и свежесть.

ПОРЦИЙ 2
ПОДГОТОВКА 10 минут
ВРЕМЯ ГОТОВКИ 4 часа 15 минут

1 столовая ложка гхи
2 куриные грудки без кости и кожи
1 стакан соуса «Альфредо» (стр. 176) или любого бренда, что вам нравится
¼ стакана нарезанных вяленых помидоров
¼ стакана тертого сыра пармезан
Розовая соль
Свежемолотый черный перец
2 стакана свежего шпината

В одной партии:
Калории — 1800
Жиры — 131 г
Углеводы — 17 г
Чистые углеводы — 14 г
Клетчатка — 3 г
Белок — 139 г

В порции:
Калории — 900
Жиры — 66 г
Углеводы — 9 г
Чистые углеводы — 7 г
Клетчатка — 2 г
Белок — 70 г

1. В средней сковороде на среднем огне растопите гхи. Добавьте курицу и готовьте около 4 минут с каждой стороны, пока она не подрумянится.
2. Поставив кастрюлю в мультикарку, переложите туда курицу. Поставьте мультиварку на минимальный огонь.
3. В небольшой миске смешайте соус «Альфредо», вяленые помидоры и сыр пармезан, приправьте розовой солью и перцем. Полейте курицу соусом.
4. Накройте крышкой и готовьте на слабом огне в течение 4 часов, или пока курица не будет готова.
5. Добавьте свежий шпинат. Накройте крышкой и готовьте еще 5 минут, пока шпинат слегка не завянет, и подавайте на стол.

СОВЕТ ПО ЗАМЕНЕ. Вы можете заменить курицу свиными отбивными и следовать тем же инструкциям.

ГЛАВА ШЕСТАЯ

ЗАКУСКИ ИЗ СВИНИНЫ И ГОВЯДИНЫ

Когда люди думают о кетодиете, свинина и говядина – это, безусловно, два самых популярных продукта, которые приходят на ум. В этой главе я предлагаю блюда, которые просты и очень вкусны. От блюд в мультиварке, которые вы можете готовить весь день, до блюд, которые будут готовы менее чем через 30 минут.

ЧАШЕЧКИ БСПА*

Что может быть лучше, чем чашка из бекона? На мой взгляд, почти все можно сочетать с беконом, но классика – это бекон в паре с салатом, помидорами и авокадо. Вам понравятся эти полные вкуса чашечки.

ОДНА СКОВОРОДА

ПОРЦИЙ 2
ПОДГОТОВКА 5 минут
ВРЕМЯ ГОТОВКИ 20 минут и 10 минут дать настояться

12 ломтиков бекона
¼ рубленного кочана римского салата
½ порезанного кубиками авокадо
½ стакана помидоров черри, порезанных пополам
2 столовые ложки сметаны

В одной партии:
Калории — 708
Жиры — 56 г
Углеводы — 13 г
Чистые углеводы — 6 г
Клетчатка — 7 г
Белок — 39 г

В сервировке (2 миски):
Калории — 354
Жиры — 28 г
Углеводы — 6.5 г
Чистые углеводы — 3 г
Клетчатка — 3.5 г
Белок — 19.5 г

1. Разогрейте духовку до 200°C. Вам понадобятся железные формочки для кексов. (Я использую железные формы jumbo для кексов, но вы можете использовать те стандартные, что у вас есть.)
2. Переверните форму для кексов вверх дном и положите ее на противень. Уложите крест-накрест 2 половинки ломтика бекона на перевернутой форме для кекса. Возьмите еще 2 половинки и положите их поперек скрещенных половинок. Возьмите 1 целый ломтик бекона и оберните его кольцом вокруг основания перевернутой формы, закрепив края зубочисткой. Повторите еще 3 раза, чтобы вышло 4 чашечки.
3. Запекайте в течение 20 минут, или пока бекон не станет хрустящим. Переложите на охлаждающую решетку и дайте постоять не менее 10 минут.
4. Как только чашки с беконом затвердеют, осторожно снимите их с формочек для кексов и поставьте по две чашки на каждую из двух тарелок. Равномерно наполните чашки римским салатом, добавьте авокадо, помидоры и ложку сметаны и подавайте на стол.

СОВЕТ ПО ИНГРЕДИЕНТАМ. Чашки из бекона могут храниться в холодильнике в течение 3 дней, поэтому вы можете сделать больше, чем в рецепте!

* БСПА – бекон, салат, помидор, авокадо (*прим. ред.*).

ОТБИВНЫЕ С МАСЛОМ И ТРАВАМИ

Иногда самые простые вкусы оказываются самыми лакомыми. Трудно ошибиться с травами, сливочным и оливковым маслами. Вкусы прекрасно дополняют свинину, и блюдо запекается быстро, так что оно может попасть с кухни на обеденный стол за 30 минут.

30 МИНУТ
ОДНА СКОВОРОДА

ПОРЦИЙ 2
ПОДГОТОВКА 5 минут
ВРЕМЯ ГОТОВКИ 25 минут

1 столовая ложка сливочного масла и еще немного для смазывания
2 свиные отбивные без кости
Розовая соль
Свежемолотый черный перец
1 столовая ложка сухих итальянских специй
1 столовая ложка свежей нарезанной листовой итальянской петрушки
1 столовая ложки оливкового масла

В одной партии:
Калории — 666
Жиры — 45 г
Углеводы — 0 г
Чистые углеводы — 0 г
Клетчатка — 0 г
Белок — 62 г

В порции:
Калории — 333
Жиры — 23 г
Углеводы — 0 г
Чистые углеводы — 0 г
Клетчатка — 0 г
Белок — 31 г

1. Разогрейте духовку до 180°С. Выберите форму для запекания, в которой поместятся две свиные отбивные, и смажьте ее сливочным маслом.
2. Обсушите свиные отбивные бумажным полотенцем, положите их в подготовленную форму для запекания и приправьте розовой солью, перцем и итальянскими специями.
3. Сверху положите свежую петрушку, сбрызните оливковым маслом обе свиныс отбивныс, и полейте каждую отбивную ½ столовой ложки сливочного масла.
4. Выпекайте 20-25 минут. (Более тонкие свиные отбивные будут готовиться быстрее, чем более толстые.)
5. Положите свиные отбивные на две тарелки, залейте мясо маслянистым соком и подавайте горячим.

СОВЕТ ПО СЕРВИРОВКЕ. Это блюдо будет особенно вкусным с пюре из цветной капусты.

ОТБИВНЫЕ С ПАРМЕЗАНОМ И ПЕЧЕНОЙ СПАРЖЕЙ

Этот рецепт идеально подходит для еды в будние дни, так как все готовится на одной сковороде. Вам понравится блюдо, особенно хрустящие свиные шкварки и «панировка» из пармезана. Жареная спаржа также вносит некоторую хрустящую прелесть.

ОДНА СКОВОРОДА

ПОРЦИЙ 2
ПОДГОТОВКА 10 минут
ВРЕМЯ ГОТОВКИ 25 минут

¼ стакана тертого сыра пармезан
¼ стакана измельченных свиных шкварок
1 чайная ложка чесночного порошка
2 свиные отбивные без кости
Розовая соль
Свежемолотый черный перец
Оливковое масло для опрыскивания
225 г стеблей спаржи без жестких кончиков

В одной партии:
Калории — 740
Жиры — 42 г
Углеводы — 12 г
Чистые углеводы — 7 г
Клетчатка — 5 г
Белок — 79 г

В порции:
Калории — 370
Жиры — 21 г
Углеводы — 6 г
Чистые углеводы — 4 г
Клетчатка — 3 г
Белок — 40 г

1. Разогрейте духовку до 180°С. Выстелите противень алюминиевой фольгой или силиконовым ковриком.
2. В средней миске смешайте сыр пармезан, свиные шкварки и чесночный порошок.
3. Промокните свиные отбивные насухо бумажным полотенцем и приправьте розовой солью и перцем.
4. Поместите свиную отбивную в миску со смесью пармезана и свиных шкварок и прижмите «панировку» к отбивной, чтобы она прилипла. Выложите покрытую «панировкй» отбивную на подготовленный противень. Повторите то же самое для второй отбивной.
5. Сбрызните небольшим количеством оливкового масла каждую свиную отбивную.
6. Поместите спаржу на противень вокруг свинины. Полейте оливковым маслом, приправьте розовой солью и перцем. Посыпьте спаржу остатками смеси сыра пармезан со шкварками.
7. Выпекайте 20-25 минут. Более тонкие свиные отбивные будут готовиться быстрее, чем более толстые.
8. Подавайте горячим.

СОВЕТ ПО ИНГРЕДИЕНТАМ. Сейчас существует множество различных вкусов свиных шкварок. Не стесняйтесь использовать любой из них, чтобы добавить уникальный вкусовой букет к этому блюду.

КУНЖУТНАЯ СВИНИНА С ЗЕЛЕНОЙ ФАСОЛЬЮ

Это быстрый и вкусный обед. Это– азиатские вкусы в здоровом и сытном блюде, которое вы можете создать всего за несколько минут во время загруженного вечера.

30 МИНУТ

ПОРЦИЙ 2
ПОДГОТОВКА 5 минут
ВРЕМЯ ГОТОВКИ 10 минут

2 свиные отбивные без кости
Розовая соль
Свежемолотый черный перец
2 столовые ложки подогретого кунжутного масла, добавлять частями
2 столовые ложки соевого соуса
1 чайная ложка соуса шрирача
1 стакан свежей зеленой фасоли

В одной партии:
Калории — 732
Жиры — 48 г
Углеводы — 9 г
Чистые углеводы — 6 г
Клетчатка — 3 г
Белок — 65 г

В порции:
Калории — 366
Жиры — 24 г
Углеводы — 5 г
Чистые углеводы — 3 г
Клетчатка — 2 г
Белок — 33 г

1. На разделочной доске промокните свинину насухо бумажным полотенцем. Нарежьте отбивные соломкой и приправить розовой солью и перцем.
2. В большой сковороде на среднем огне подогрейте 1 столовую ложку кунжутного масла.
3. Добавьте свиную соломку и готовьте ее в течение 7 минут, периодически помешивая.
4. В небольшой миске смешайте оставшуюся 1 столовую ложку кунжутного масла, соевый соус и соус шрирача. Вылейте в сковороду вместе со свининой.
5. Добавьте в сковороду зеленую фасоль, уменьшите огонь до среднего и тушите в течение 3-5 минут.
6. Распределите свинину, зеленую фасоль и соус между двумя широкими неглубокими мисками и подавайте.

СОВЕТ ПО ЗАМЕНЕ. Если соус шрирача для вас слишком острый, вы можете добавить очищенный свежий измельченный имбирь, который добавит аромата и вкуса, но не остроты.

РЕБРЫШКИ БАРБЕКЮ В МУЛЬТИВАРКЕ

Ребрышки – это такая вкуснятина! Мультиварка прекрасно подходит для их приготовления. В супермаркете есть много вкусных соусов для барбекю без сахара, что делает этот рецепт очень простым.

ОДНА КАСТРЮЛЯ

ПОРЦИЙ 2
ПОДГОТОВКА 10 минут
ВРЕМЯ ГОТОВКИ 4 минуты

455 г свиных ребрышек
Розовая соль
Свежемолотый черный перец
1 упаковка сухой приправы для ребрышек
½ стакана соуса барбекю без содержания сахара

В одной партии:
Калории — 1911
Жиры — 143 г
Углеводы — 10 г
Чистые углеводы — 10 г
Клетчатка — 0 г
Белок — 136 г

В порции:
Калории — 956
Жиры — 72 г
Углеводы — 5 г
Чистые углеводы — 5 г
Клетчатка — 0 г
Белок — 68 г

1. Разогрейте мультиварку до максимума, поставив в нее кастрюлю.
2. Щедро приправьте свиные ребрышки розовой солью, перцем и сухой приправой для ребер.
3. Положите ребрами вверх вдоль стенок мультиварки, причем «костлявой» стороной внутрь.
4. Полейте соусом барбекю со всех сторон. Соуса нужно столько, чтобы ребрышки были покрыты им полностью.
5. Накройте крышкой, варите 4 часа и подавайте на стол.

СОВЕТ ПО ИНГРЕДИЕНТАМ. Ребрышки будут очень нежными, поэтому будьте осторожны, вынимая их из мультиварки.

СВИНИНА КАЛУА С КАПУСТОЙ

В течение девяти лет моя семья жила в Гонолулу, и, находясь на острове, я влюбилась в «Plate lunch», а именно в свинину калуа. В «Plate lunch» всегда присутствует шарик белого риса и салат из макарон, от которого я отказался из-за моего кетогенного образа жизни. Однако я все еще могу в любое время наслаждаться свининой калуа.

ПОРЦИЙ 2
ПОДГОТОВКА 10 минут
ВРЕМЯ ГОТОВКИ 8 часов

455 г свиного окорока без костей
Розовая соль
Свежемолотый черный перец
1 столовая ложка копченой паприки или жидкого дыма
½ стакана воды
½ кочана капусты, предварительно нашинкованной

В одной партии:
Калории — 1099
Жиры — 82 г
Углеводы — 19 г
Чистые углеводы — 10 г
Клетчатка — 9 г
Белок — 77 г

В порции:
Калории — 550
Жиры — 41 г
Углеводы — 10 г
Чистые углеводы — 5 г
Клетчатка — 5 г
Белок — 39 г

1. Разогрейте мультиварку до минимума, поставив в нее кастрюлю.
2. Щедро приправьте свинину розовой солью, перцем и копченой паприкой.
3. Поместите свинину в мультиварку и добавьте воду.
4. Накройте крышкой и готовьте на слабом огне в течение 7 часов.
5. Переложите приготовленную свинину на тарелку. Положите нарезанную капусту на дно мультиварки, а сверху — жареную свинину.
6. Накройте крышкой и тушите капусту и свинину в течение 1 часа.
7. Выньте жареную свинину из мультиварки и нашинкуйте свинину.
8. Подавайте нашинкованную свинину горячей с готовой капустой.
9. Сохраните жидкость из мультиварки, чтобы увлажнить свинину и капусту при повторном подогреве остатков.

СОВЕТ ПО СЕРВИРОВКЕ. Вы можете подавать свинину калуа отдельно или положив на рис из цветной капусты, или наслаждаться ею в низкоуглеводном ролле. Чтобы сделать рис из цветной капусты, просто измельчите соцветия цветной капусты в вашем кухонном комбайне или блендере, чтобы получить рисоподобную консистенцию. Обжарьте цветную капусту на оливковом масле или подрумянивайте около 5 минут на сковороде на среднем огне.

СВИНЫЕ КОТЛЕТЫ С МАЙОНЕЗОМ ШРИРАЧА

Люди не всегда задумываются о свином фарше, когда речь заходит о котлетах! Фарш из свинины прекрасно подходит для котлет, и я люблю добавлять свежие ингредиенты к мясу, а затем делатьвкус взрывным, например, благодаря майонезу шрирача. Если вы едите котлету ножом и вилкой или добавляете листья салата как обертку – это идеальный кетобургер.

30 МИНУТ

ПОРЦИЙ 2
ПОДГОТОВКА 10 минут
ВРЕМЯ ГОТОВКИ 10 минут

340 г свиного фарша
2 тонко нарезанных лука-шалота, белые и зеленые части
1 столовая ложка подогретого кунжутного масла
Розовая соль
Свежемолотый черный перец
1 столовая ложки гхи
1 столовая ложка соуса шрирача
2 столовые ложки майонеза

В одной партии:
Калории — 1150
Жиры — 98 г
Углеводы — 3 г
Чистые углеводы — 2 г
Клетчатка — 1 г
Белок — 62 г

В порции:
Калории — 575
Жиры — 49 г
Углеводы — 2 г
Чистые углеводы — 1 г
Клетчатка — 1 г
Белок — 31 г

1. В большой миске смешайте свиной фарш с зеленым луком и кунжутным маслом, приправьте розовой солью и перцем. Сформируйте из свиной смеси 2 котлеты. Создайте впадинку большим пальцем в середине каждой из них, чтобы свинина нагревалась равномерно.
2. В большой сковороде на среднем огне разогрейте гхи. Когда топленое масло растает и станет очень горячим, положите в него котлеты и готовьте по 4 минуты с каждой стороны.
3. Тем временем в небольшой миске смешайте соус шрирача и майонез.
4. Переложите котлеты на тарелку и дайте отдохнуть не менее 5 минут.
5. Дополните майонезом шрирача и подавайте на стол.

СОВЕТ ПО ИНГРЕДИЕНТАМ. Шрирача – это пикантный соус, поэтому добавляйте его как можно меньше или же по вкусу, в зависимости от того, как вы относитесь к острому.

СВИНЫЕ ОТБИВНЫЕ С ГОЛУБЫМ СЫРОМ

Я люблю соус из голубого сыра. Я убеждена, что его можно класть поверх всего, и это будет потрясающе. Но поистине люблю его со свиными отбивными. Ингредиенты этого рецепта идеально подходят для кетодиеты, и данное блюдо очень легко приготовить.

30 МИНУТ

ПОРЦИЙ 2
ПОДГОТОВКА 5 минут
ВРЕМЯ ГОТОВКИ 10 минут

2 свиные отбивные без кости
Розовая соль
Свежемолотый черный перец
2 столовые ложки сливочного масла
1/3 стакана кусочков голубого сыра
1/3 стакана жирных сливок
1/3 стакана сметаны

В одной партии:
Калории — 1338
Жиры — 109 г
Углеводы — 7 г
Чистые углеводы — 7 г
Клетчатка — 0 г
Белок — 81 г

В порции:
Калории — 669
Жиры — 34 г
Углеводы — 4 г
Чистые углеводы — 4 г
Клетчатка — 0 г
Белок — 41 г

1. Свиные отбивные обсушите и приправьте розовой солью и перцем.
2. В средней сковороде на среднем огне растопите сливочное масло. Когда масло растает и станет очень горячим, добавьте свиные отбивные и обжаривайте с каждой стороны в течение 3 минут.
3. Переложите свиные отбивные на тарелку и дайте им отдохнуть от 3 до 5 минут.
4. В средней кастрюле на среднем огне растопите кусочки голубого сыра, часто помешивая, чтобы они не подгорели.
5. Добавьте сливки и сметану в кастрюлю с голубым сыром. Дайте настояться несколько минут, периодически помешивая.
6. Чтобы придать соусу дополнительный вкус, влейте в сырную смесь сок из свиной отбивной и перемешайте. Пусть тушится, пока свиные отбивные отдыхают.
7. Положите свиные отбивные на две тарелки, залейте сверху соусом из голубого сыра и подавайте на стол.

СОВЕТ ПО ИНГРЕДИЕНТАМ. Соус из голубого сыра также очень вкусный в сочетании с овощами.

КАРНИТАС*

Карнитас легко приготовить заранее, чтобы потом можно было быстро поесть. Секрет: позвольте свинине готовиться медленно, на слабом огне, и добавьте к мясу такие ингредиенты, как лук и чеснок, чтобы усилить аромат свинины. Карнитас особенно вкусен в моих начос.

ПОРЦИЙ 2
ПОДГОТОВКА 10 минут
ВРЕМЯ ГОТОВКИ 8 часов

½ столовой ложки порошка чили
1 столовая ложка оливкового масла
455 г жаркого из свиного окорока без костей
2 измельченных зубчика чеснока
½ маленькой луковицы, порезанной кубиками
Щепотка розовой соли
Щепотка свежемолотого черного перца
Сок 1 лайма

В одной партии:
Калории — 892
Жиры — 51 г
Углеводы — 12 г
Чистые углеводы — 8 г
Клетчатка — 3 г
Белок — 90 г

В порции:
Калории — 446
Жиры — 26 г
Углеводы — 6 г
Чистые углеводы — 4 г
Клетчатка — 2 г
Белок — 45 г

1. Разогрейте мультиварку до минимума, поставив в нее кастрюлю.
2. В небольшой миске соедините порошок чили и оливковое масло и натрите этой смесью всю свинину.
3. Поместите свинину в мультиварку, жирной стороной вверх.
4. Сверху выложите чеснок, лук, розовую соль, перец и лимонный сок.
5. Накройте крышкой и готовьте на слабом огне в течение 8 часов.
6. Переложите свинину на разделочную доску, разомните мясо двумя вилками и подавайте на стол.

СОВЕТ ПО ИНГРЕДИЕНТАМ. Сохраните сок из мультиварки после приготовления карнитас, чтобы сбрызнуть им сверху перед подачей. Я также использую его, когда разогреваю остатки карнитас на сковороде.

* Карнитас – духовое мясо по-мексикански (*прим. ред.*).

НАЧОС С КАРНИТОС

Начос из свиной шкурки — это мой самый любимый способ использовать карнитас из мультиварки. Вы даже не будете скучить по традиционным начос после того, как отведаете эти. Сделайте сначала карнитас, и затем на скорую руку можете сделать партию начос.

30 МИНУТ

ПОРЦИЙ 2
ПОДГОТОВКА 5 минут
ВРЕМЯ ГОТОВКИ 10 минут

1 столовая ложка оливкового масла и еще немного для смазывания
2 стакана свиных шкварок (я использую с пряным вкусом)
½ стакана тертого сыра (я использую смесь мексиканских сыров)
1 стакан карнитас (стр. 126)
1 авокадо, порезанное кубиками
2 столовые ложки сметаны

В одной партии:
Калории — 1174
Жиры — 102 г
Углеводы — 20 г
Чистые углеводы — 9 г
Клетчатка — 11 г
Белок — 101 г

В порции:
Калории — 587
Жиры — 51 г
Углеводы — 10 г
Чистые углеводы — 5 г
Клетчатка — 6 г
Белок — 51 г

1. Разогрейте духовку до 180°С. Смажьте форму для выпечки размером 9 на 13 дюймов (23х33 см) оливковым маслом.
2. Выложите шкурки в подготовленную форму для запекания, сверху положите сыр.
3. Поставьте в духовку и запекайте около 5 минут, пока сыр не расплавится. Переложите на охлаждающую решетку и дайте отдохнуть в течение 5 минут.
4. В средней сковороде на сильном огне разогрейте оливковое масло. Положите карнитас в сковороду и добавьте немного сока. Готовьте в течение нескольких минут, пока не получите хорошую хрустящую корочку на карнитас, а затем переверните карнитас на другую сторону и тоже слегка поджарьте.
5. Распределите нагретые шкварки и сыр между двумя тарелками.
6. Сверху положите свиные шкварки и сыр с разогретым карнитас, добавьте нарезанное кубиками авокадо и ложку сметаны в каждую тарелку и подавайте горячим.

СОВЕТ ПО ИНГРЕДИЕНТАМ. Следите за сыром. Он быстро расплавится и будет продолжать таять после того, как вы достанете блюдо из духовки.

ПИЦЦА ПЕППЕРОНИ НА НИЗКОУГЛЕВОДНОЙ ТОРТИЛЬЕ

Существует множество отличных способов приготовить низкоуглеводную пиццу, но эта версия выигрывает тем, что она самая быстрая и простая. Мы с дочкой иногда возвращаемся домой поздно, и этот рецепт идеально подходит для таких вечеров.

30 МИНУТ
ОДНА СКОВОРОДА

ПОРЦИЙ 2
ПОДГОТОВКА 5 минут
ВРЕМЯ ГОТОВКИ 5 минут

2 столовые ложки оливкового масла
2 большие низкоуглеводные тортильи (я использую бренд Mission)
4 столовые ложки томатного соуса с низким содержанием сахара (я использую Rao's)
1 стакан нашинкованного сыра моцарелла
2 чайные ложки сухих итальянских специй
½ чашки пепперони

В одной партии:
Калории — 1094
Жиры — 88 г
Углеводы — 34 г
Чистые углеводы — 16 г
Клетчатка — 18 г
Белок — 54 г

В порции:
Калории — 547
Жиры — 44 г
Углеводы — 17 г
Чистые углеводы — 8 г
Клетчатка — 9 г
Белок — 27 г

1. В средней сковороде на среднем огне разогрейте оливковое масло. Добавьте тортилью.
2. Выложите томатный соус на лепешку, размазывая его. Посыпьте сыром, итальянской приправой и пепперони. Работайте быстро, чтобы лепешка не сгорела.
3. Готовьте около 3 минут, пока лепешка не станет хрустящей снизу. Переложите на разделочную доску и нарежьте ломтиками. Выложите ломтики на сервировочную тарелку и подавайте горячими.

СОВЕТ ПО ИНГРЕДИЕНТАМ. Вы можете использовать свою любимую низкоуглеводную тортилью для этого рецепта. Оливковое масло помогает сделать ее действительно хрустящей, так что она ощущается как пицца.

ВАРИАНТЫ. Поскольку это пицца, возможности безграничны. Вот некоторые из моих любимых комбинаций:

* Моя любимая версия – совсем без томатного соуса, только сыр моцарелла, пепперони, пепперончини и сыр пармезан.
* Еще в одной любимой версии используется томатный соус, кусочки свежего сыра моцарелла, тонкие ломтики помидоров и свежие листья базилика.

ЖАРКОЕ ИЗ ГОВЯДИНЫ И БРОККОЛИ

Больше всего из-за моей кетодиеты меня беспокоят азиатские рестораны, потому что я знаю, что многие из их соусов содержат сахар или скрытый в них коричневый сахар. Мне нравится самостоятельно готовить похожие на вкус блюда, вроде этого жаркого, потому что я точно знаю, что внутри. Рецепт не оригинальный, но он вкусный, и вам нужно всего 5 ингредиентов и несколько часов в мультиварке, чтобы создать нежную говядину, хрустящую брокколи и соленый соус.

ПОРЦИЙ 2
ПОДГОТОВКА 10 минут
ВРЕМЯ ГОТОВКИ 4 часа 30 минут

455 г поджаренной шейно-лопаточной части говядины
Розовая соль
Свежемолотый черный перец
½ стакана говяжьего бульона и еще немного, если нужно
¼ стакана соевого соуса (или кокосовой аминокислоты)
1 чайная ложка подогретого кунжутного масла
1 пачка (455 г) замороженной брокколи

В одной партии:
Калории — 1611
Жиры — 97 г
Углеводы — 35 г
Чистые углеводы — 23 г
Клетчатка — 12 г
Белок — 148 г

В порции:
Калории — 806
Жиры — 49 г
Углеводы — 18 г
Чистые углеводы — 12 г
Клетчатка — 6 г
Белок — 74 г

1. Разогрейте мультиварку до минимума, поставив в нее кастрюлю.
2. На разделочной доске приправьте поджаренную шейно-лопаточную часть розовой солью и перцем и нарежьте ее тонкими ломтиками. Положите нарезанную говядину в мультиварку.
3. В небольшой миске смешайте говяжий бульон, соевый соус и кунжутное масло. Залейте этой смесью говядину.
4. Накройте крышкой и готовьте на слабом огне 4 часа.
5. Добавьте замороженную брокколи и готовьте еще 30 минут. Если нужно больше жидкости, добавьте еще говяжьего бульона.
6. Подавайте горячим.

СОВЕТ ПО СЕРВИРОВКЕ. Я люблю накладывать это блюдо ложкой на рис ширатаки или рис из цветной капусты (см. СОВЕТ ПО СЕРВИРОВКЕ, стр. 123).

ГОВЯДИНА И БОЛГАРСКИЙ ПЕРЕЦ «КАРТОФЕЛЬНАЯ КОЖУРА»

Мне нравится творчески подходить к классическим рецептам и создавать на их основе низкоуглеводные блюда. Я часто готовлю начос из свиных шкварок и начос из цветной капусты, а в один прекрасный день я решила, что могу взять кусочки перца и сделать низкоуглеводную версию блюда, похожего на картофельную кожуру! Большие ломтики болгарского перца играют роль «кожи» для хранения всех вкусных ингредиентов и дают свежий, хрустящий вкус. Для дополнительных цветовых вариаций и мексиканских ингредиентов, таких как нарезанный кубиками лук, зеленый перец чили, нарезанная свежая кинза, свежевыжатый сок лайма (для крема) или острый соус.

30 МИНУТ

ПОРЦИЙ 2
ПОДГОТОВКА 10 минут
ВРЕМЯ ГОТОВКИ 20 минут

1 столовая ложка гхи
225 г говяжьего фарша
Розовая соль
Свежемолотый черный перец
3 больших болгарских перца разных цветов
½ стакана тертого сыра (я использую смесь мексиканских сыров)
1 авокадо
¼ стакана сметаны

В одной партии:
Калории — 1413
Жиры — 103 г
Углеводы — 44 г
Чистые углеводы — 25 г
Клетчатка — 19 г
Белок — 80 г

В порции:
Калории — 707
Жиры — 52 г
Углеводы — 22 г
Чистые углеводы — 13 г
Клетчатка — 10 г
Белок — 40 г

1. Разогрейте духовку до 200°С. Выстелите противень алюминиевой фольгой или силиконовым ковриком.
2. В большой сковороде на среднем огне растопите гхи. Когда гхи станет горячим, добавьте говяжий фарш и приправьте розовой солью и перцем. Время от времени помешивайте деревянной ложкой, разбивая кусочки говядины. Продолжайте готовить от 7 до 10 минут, пока говядина не будет готова.
3. Тем временем нарежьте болгарский перец, чтобы приготовить «картофельную кожуру»: Отрежьте верхнюю часть каждого перца, разрежьте его пополам и вытащите семена и мембраны. Если перец большой, вы можете разрезать его на четвертинки. Оцените на свой взгляд: картофельная кожура должна быть «лодочкой».
4. Выложите болгарский перец на подготовленный противень.
5. Выложите говяжий фарш на перец, сверху посыпьте сыром и запекайте в течение 10 минут.
6. Тем временем в средней миске смешайте авокадо и сметану, чтобы создать крем из авокадо. Перемешайте до однородной массы.
7. Когда перец и говядина будут готовы, разделите их между двумя тарелками, сверху выложите крем из авокадо и подавайте на стол.

СОВЕТ ПО ЗАМЕНЕ. Вы также можете использовать фарш из индейки вместо говяжьего.

СКЕРТ-СТЕЙК С СОУСОМ ЧИМИЧУРРИ

Сочетание вкусов в этом блюде смело и пикантно. Главное – мариновать скерт-стейк как можно дольше, чтобы он стал нежным и потом таял во рту. Затем перед подачей нарезанный стейк покрывают пикантным чесночным соусом чимичурри, от которого будут в восторге ваши вкусовые рецепторы.

ПОРЦИЙ 2
ПОДГОТОВКА 10 минут и еще минимум день для маринования
ВРЕМЯ ГОТОВКИ 10 минут

¼ стакана соевого соуса
½ стакана оливкового масла
Сок 1 лайма
2 столовые ложки яблочного уксуса
455 г скерт-стейка
Розовая соль
Свежемолотый черный перец
2 столовые ложки гхи
¼ стакана соуса чимичурри (я использую Elvino's)

В одной партии*
Калории — 1435
Жиры — 91 г
Углеводы — 12 г
Чистые углеводы — 8 г
Клетчатка — 4 г
Белок — 139 г
*Включая 2 столовые ложки соевого соуса и оливкового масла, оставшиеся в маринаде, который остается несъеденным.

В порции:
Калории — 718
Жиры — 46 г
Углеводы — 6 г
Чистые углеводы — 4 г
Клетчатка — 2 г
Белок — 70 г

1. В небольшой миске смешайте соевый соус, оливковое масло, сок лайма и яблочный уксус. Перелейте в большой пакет на молнии и добавьте скерт-стейк. Маринуйте как можно дольше: по крайней мере, весь день или, в идеале, всю ночь.
2. Обсушите стейк бумажным полотенцем. Приправьте обе стороны стейка розовой солью и перцем.
3. В большой сковороде на сильном огне растопите гхи. Добавьте стейк и обжаривайте около 4 минут с каждой стороны, пока он не подрумянится. Переложите бифштекс на разделочную доску, чтобы он отдохнул хотя бы 5 минут.
4. Нарежьте скерт-стейк поперек волокон. Распределите ломтики между двумя тарелками, сверху положите соус чимичурри, и можно подавать.

СОВЕТ ПО ИНГРЕДИЕНТАМ. Вы также можете приготовить свой собственный соус чимичурри из смеси чашки кинзы, стакана измельченного красного лука, стакана нарезанной петрушки, 1 измельченного зубчика чеснока, 1 столовой ложки оливкового масла и 1 столовой ложки яблочного уксуса. Приправьте эту смесь розовой солью и свежемолотым черным перцем.

ЖАРЕНАЯ ГОВЯДИНА БАРБАКОА

Когда я вижу барбакоа, я думаю о ресторане Chipotle. Их версия содержит 11 или 12 ингредиентов, но я создала нечто подобное, используя лишь 5 ингредиентов. Барбакоа все еще наполнено вкусом, а через 8 часов, когда вы его разрежете, оно будет буквально таять во рту.

ПОРЦИЙ 2
ПОДГОТОВКА 10 минут
ВРЕМЯ ГОТОВКИ 8 часов

455 г поджаренной шейно-лопаточной части говядины
Розовая соль
Свежемолотый черный перец
4 перец чипотле в соусе адобо (я использую банку La Costeña объемом 340 г)
1 банка зеленого перца халапеньо
2 столовые ложки яблочного уксуса
½ стакана говяжьего бульона

В одной партии:
Калории — 1446
Жиры — 91 г
Углеводы — 13 г
Чистые углеводы — 3 г
Клетчатка — 10 г
Белок — 131 г

В порции:
Калории — 723
Жиры — 46 г
Углеводы — 7 г
Чистые углеводы — 5 г
Клетчатка — 2 г
Белок — 66 г

1. Разогрейте мультиварку до минимума, поставив в нее кастрюлю.
2. Приправьте говядину с обеих сторон розовой солью и перцем. Положите ее в мультиварку.
3. В кухонном комбайне (или блендере) смешайте перец чипотле с соусом адобо, халапеньо и яблочным уксусом и взбейте до однородной массы. Добавьте говяжий бульон и перемешайте еще несколько раз. Вылейте смесь чили поверх говядины.
4. Накройте крышкой и готовьте на слабом огне в течение 8 часов.
5. Переложите говядину на разделочную доску и используйте две вилки, чтобы измельчить мясо на кусочки.
6. Подавать горячим.

СОВЕТ ПО ИНГРЕДИЕНТАМ. Вы также можете использовать поджаренную говяжью грудинку для этого.

ЖАРКОЕ «МИССИСИПИ» В ГОРШОЧКЕ

О жарком «Миссисипи» в горшочке на моем канале Instagram спрашивают постоянно. Это блюдо определенно любимое. Оно ужасно простое и наполненное вкусами. В нем также используется один из моих любимых ингредиентов: пепперончини. Каждый рецепт немного отличается, но этот напоминает мне о моей маме, потому что она любит рецепты с простыми приправами. Заправка ранчо и подлива дают превосходный вкус.

ОДНА КАСТРЮЛЯ

ПОРЦИЙ 4
ПОДГОТОВКА 5 минут
ВРЕМЯ ГОТОВКИ 8 часов

455 г поджаренной шейно-лопаточной части говядины
Розовая соль
Свежемолотый черный перец
1 упаковка (30 г) соусной смеси «Мясная подлива»
1 упаковка (30 г) сухой заправки ранч
8 столовых ложек сливочного масла (115 г)
1 стакан цельных пепперончини (я использую Mezzetta)

В одной партии:
Калории — 2016
Жиры — 142 г
Углеводы — 22 г
Чистые углеводы — 22 г
Клетчатка — 0 г
Белок — 145 г

В порции:
Калории — 504
Жиры — 34 г
Углеводы — 6 г
Чистые углеводы — 6 г
Клетчатка — 0 г
Белок — 36 г

1. Разогрейте мультиварку до минимума, поставив в нее кастрюлю.
2. Приправьте обе стороны говядины розовой солью и перцем. Поставьте в мультиварку.
3. Полейте смесью подливы и соуса ранчо сверху жаркого.
4. Положите сливочное масло поверх говядины и посыпьте пепперончини.
5. Накройте крышкой и готовьте на слабом огне в течение 8 часов.
6. Измельчите говядину двумя вилками и подавайте горячей.

СОВЕТ ПО ИНГРЕДИЕНТАМ. Вы можете приготовить этот рецепт с бескостными куриными грудками. Это очень вкусно.

СТЕЙК И ЯЙЦО ПИБИМПАП

Пибимбап по-корейски означает «смешанный рис», и это одно из моих любимых азиатских блюд. Хоть этот рецепт и не похож на традиционный, в нем есть ключевые ингредиенты: говядина, жидкое яйцо и овощи. Я обычно готовлю его, когда у меня есть остатки, туда действительно можно закинуть больше овощей.

30 МИНУТ

ПОРЦИЙ 2
ПОДГОТОВКА 10 минут
ВРЕМЯ ГОТОВКИ 15 минут

ДЛЯ ГОВЯЖЬЕГО ФАРША

1 столовая ложка гхи
225 г говяжьего фарша или рубленого стейка
Розовая соль
Свежемолотый черный перец
1 столовая ложка соевого соуса (или кокосовых аминокислот)

ДЛЯ ЯЙЦА И РИСА ИЗ ЦВЕТНОЙ КАПУСТЫ

2 столовые ложки гхи, добавлять частями
2 больших яйца
1 большой огурец, очищенный от кожицы и нарезанный соломкой
1 столовая ложка соевого соуса
1 стакан риса из цветной капусты (см. Совет по сервировке, стр.123)
Розовая соль
Свежемолотый черный перец

ГОТОВИМ ГОВЯЖИЙ ФАРШ

1. В большой сковороде на среднем огне разогрейте гхи. Добавьте говяжий фарш, приправьте розовой солью и перцем. Используя деревянную ложку, время от времени помешивайте, разделяя говядину на части.
2. Добавьте соевый соус и перемешайте. Тушите на среднем огне, пока готовите яйцо и рис из цветной капусты.

ГОТОВИМ ЯЙЦО И РИС ИЗ ЦВЕТНОЙ КАПУСТЫ

1. Во второй большой сковороде на среднем огне разогрейте 1 столовую ложку гхи. Когда гхи станет очень горячим, разбейте в него яйца. Когда белки приготовятся, через 2-3 минуты аккуратно переложите яйца на тарелку.
2. В небольшой миске замаринуйте огуречную соломку в соевом соусе.
3. Очистите сковороду от яиц и добавьте оставшуюся 1 столовую ложку гхи в сковороду, стоящую на среднем огне. Добавьте рис из цветной капусты, приправьте розовой солью и перцем. Перемешайте и готовьте в течение 5 минут. В конце приготовления поставьте огонь на максимум, чтобы получить хорошую хрустящую корочку на «рисе».

СТЕЙК И ЯЙЦО ПИБИМПАП продолжение

В одной партии:
Калории — 1180
Жиры — 89 г
Углеводы — 16 г
Чистые углеводы — 10 г
Клетчатка — 7 г
Белок — 77 г

В порции:
Калории — 590
Жиры — 45 г
Углеводы — 8 г
Чистые углеводы — 5 г
Клетчатка — 4 г
Белок — 39 г

4. Распределите рис между двумя мисками.
5. В каждую миску добавьте на рис яйцо, говяжий фарш и маринованную огуречную соломку и подавайте на стол.

СОВЕТ ПО ИНГРЕДИЕНТАМ. Вы также можете использовать для этого рецепта фарш индейки вместо говяжьего.

ВАРИАНТЫ. Вы можете добавить множество овощей и других ингредиентов в пибимбап, поэтому загляните в свой холодильник и проявите немного фантазии. Мои любимые дополнения:
* Кимчи
* Шрирача, сбрызнуть сверху
* Ростки фасоли
* Морковь, нарезанная соломкой
* Нарезанные грибы
* Рубленый зеленый лук

СЫРНЫЕ ЧАШЕЧКИ ТАКО

Сырные чашечки универсальны и очень просты в изготовлении. Как только вы освоите сырные чипсы, вы, без сомнения, начнете делать сырные тако-раковины, сырные миски, сырное все! Эти мексиканские чашечки тако начинаются ароматной говядиной, свежим авокадо, охлажденной сметаной и, конечно же, вам понравится хруст самой сырной чашечки. Кушать это весело и вкусно!

30 МИНУТ

ПОРЦИЙ 2
ПОДГОТОВКА 10 минут
ВРЕМЯ ГОТОВКИ 20 минут

ДЛЯ СЫРНЫХ ЧАШЕЧЕК

1 стакан тертого сыра (я использую смесь мексиканских сыров)

ДЛЯ ГОВЯЖЬЕГО ФАРША

1 столовая ложка гхи
225 г говяжьего фарша
½ (35 г) упаковки приправы для тако
¼ стакана воды

ДЛЯ ТАКО ЧАШЕЧЕК

½ авокадо, порезанного кубиками
Розовая соль
Свежемолотый черный перец
2 столовые ложки сметаны

В одной партии:
Калории — 1787
Жиры — 136 г
Углеводы — 23 г
Чистые углеводы — 18 г
Клетчатка — 5 г
Белок — 113 г

В порции:
Калории — 894
Жиры — 68 г
Углеводы — 12 г
Чистые углеводы — 9 г
Клетчатка — 3 г
Белок — 57 г

ГОТОВИМ СЫРНЫЕ ЧАШЕЧКИ

1. Разогрейте духовку до 180°С. Выстелите противень пергаментной бумагой или силиконовым ковриком.
2. Положите на подготовленную сковороду ½ стакана сыра горкой. Выпекайте около 7 минут, или пока края не станут коричневыми, а середина не расплавится. Они должны быть немного больше, чем типичный лист тортильи.
3. Поставьте кастрюлю на охлаждающую решетку на 2 минуты, пока сырные чипсы остывают. Чипсы будут мягкими, когда вы достанете их из духовки, но они станут хрустящими, когда остынут.
4. Прежде чем они станут полностью хрустящими, переместите сырные чипсы в жестяную формочку. Сформируйте сырные чипсы в формочке для кексов, чтобы создать маленькие чашечки. (Чипсы полностью затвердеют в формочке, и их легко будет наполнить.)

ГОТОВИМ ГОВЯЖИЙ ФАРШ

1. В средней сковороде на среднем огне разогрейте гхи.
2. Когда гхи нагреется, добавьте говяжий фарш и обжаривайте его около 8 минут на медленном огне, пока не подрумянится.
3. Слейте излишки жира. Добавьте приправу для тако и воду и доведите до кипения. Поставьте на средний огонь и тушите в течение 5 минут.

ГОТОВИМ ЧАШЕЧКИ ТАКО

1. Используя шумовку, выложите говяжий фарш в чашки для тако.
2. Приправьте нарезанный кубиками авокадо розовой солью и перцем и распределите его между чашками тако.
3. Добавьте в каждую чашечку тако ложку сметаны и подавайте.

СЫРНЫЕ ЧАШЕЧКИ ТАКО продолжение

СОВЕТ ПО ХРАНЕНИЮ. Чашечки тако могут храниться в холодильнике в закрытом контейнере в течение 2-3 дней.

ВАРИАНТЫ. Так же, как ракушки тако, эти сырные чашечки можно использовать для любого количества вкусовых комбинаций:

* К говяжьему фаршу можно добавить нарезанные кубиками помидоры, лук и халапеньо.
* Используйте сыр пеппер джек для дополнительного вкуса.

КАССЕРОЛЬ-ЧИЗБУРГЕР С БЕКОНОМ

Моя дочь обожает эту запеканку. Она прекрасно согревает и состоит из остатков, поэтому мы обычно готовим ее раз в неделю в зимние месяцы. Это сытное, наполненное белком блюдо, поэтому я люблю готовить его в те дни, когда я интервально голодаю весь день и ем только ужин.

ПОРЦИЙ 4
ПОДГОТОВКА 10 минут
ВРЕМЯ ГОТОВКИ 50 минут

ДЛЯ БЕКОНА И ГОВЯЖЬЕГО ФАРША

455 г бекона
1 столовая ложка гхи
455 г говяжьего фарша
Розовая соль
Свежемолотый черный перец

ДЛЯ КАССЕРОЛЯ

1 столовая ложка гхи
½ стакана жирных сливок
4 больших яйца, слегка взбитых
¾ стакана тертого сыра (я использую смесь мексиканских сыров)
Розовая соль
Свежемолотый черный перец

В одной партии:
Калории — 4706
Жиры — 363 г
Углеводы — 11 г
Чистые углеводы — 11 г
Клетчатка — 0 г
Белок — 330 г

В порции:
Калории — 1177
Жиры — 91 г
Углеводы — 3 г
Чистые углеводы — 3 г
Клетчатка — 0 г
Белок — 83 г

ГОТОВИМ БЕКОН И ГОВЯЖИЙ ФАРШ

1. В большой сковороде на среднем огне примерно 8 минут обжаривайте бекон с обеих сторон до хрустящей корочки. Переложите бекон на выложенную бумажным полотенцем тарелку, слейте жидкость и остужайте в течение 5 минут. Переложите на разделочную доску и нарежьте бекон.
2. Во второй большой сковороде на среднем огне разогрейте гхи. Добавьте говяжий фарш и приправьте розовой солью и перцем. Время от времени помешивайте, разламывая куски говядины.
3. Примерно через 8 минут, как только мясо подрумянится, слейте жир и смешайте с нарезанным беконом.

ГОТОВИМ ЗАПЕКАНКУ

1. Разогрейте духовку до 180°С. Покройте форму для выпечки размером 9 на 13 дюймов (23x33 см примерно) маслом гхи.
2. Выложите смесь мяса и бекона в форму для запекания в качестве первого слоя.
3. В средней миске смешайте сливки, яйца и половину сыра, приправьте розовой солью и перцем. Полейте этой смесью мясо сверху. Затем выложите оставшуюся половину сыра.
4. Выпекайте в течение 30 минут, или пока сыр сверху не расплавится и слегка не подрумянится.
5. Перед нарезкой дайте запеканке постоять в течение 5 минут на охлаждающей решетке и подавайте на стол.

СОВЕТ ПО ИНГРЕДИЕНТАМ. Вы также можете приготовить этот рецепт с фаршем индейки вместо говяжьего.

ВАРИАНТЫ. Я рекомендую включить некоторые из следующих вариантов в рецепт, чтобы добавить немного кислинки:

* Добавьте нарезанные кубиками соленые огурцы в говяжью смесь. Я никогда не пропускаю этот шаг, потому что он добав-

КАССЕРОЛЬ-ЧИЗБУРГЕР С БЕКОНОМ продолжение

ляет приятную кислинку в очень тяжелое блюдо. Я использую ½ стакана нарезанных кубиками соленых огурцов.

* Нарезанный пепперончини тоже подходит, если вы не любитель соленых огурцов.
* Добавление томатного соуса с низким содержанием сахара, такого как от бренда Rao's, в смесь сливок и яиц также обеспечивает приятный вкус. Я использую ¼ стакана томатного соуса.

КОТЛЕТЫ С СЫРОМ ФЕТА

Кто не любит котлеты? Особенно котлеты с сыром! Сочетание говядины и баранины с классическими средиземноморскими вкусом – это победа.

30 МИНУТ

ПОРЦИЙ 2
ПОДГОТОВКА 10 минут
ВРЕМЯ ГОТОВКИ 10 минут

2 столовые ложки мелко нарезанных листьев свежей мяты
1 лук-шалот, белые и зеленые части, нарезанный тонкими ломтиками
1 столовая ложка дижонской горчицы
Розовая соль
Свежемолотый черный перец
340 г кусочков сыра фета
1 столовая ложка гхи

В одной партии:
Калории — 1214
Жиры — 95 г
Углеводы — 4 г
Чистые углеводы — 3 г
Клетчатка — 1 г
Белок — 81 г

В порции:
Калории — 607
Жиры — 48 г
Углеводы — 2 г
Чистые углеводы — 2 г
Клетчатка — 1 г
Белок — 41 г

1. В большой миске смешайте листья мяты с зеленым луком и горчицей. Приправьте розовой солью и перцем.
2. Добавьте в миску говяжий фарш и баранину. Тщательно перемешайте и сформируйте 4 котлеты.
3. Вдавите кусочки феты в 2 котлеты и положите другие 2 котлеты сверху так, чтобы сыр находился в середине. Прижмите все края бургеров, чтобы запечатать сыр.
4. В средней сковороде на среднем огне разогрейте гхи. Положите котлеты в горячее масло. Готовьте каждую сторону в течение 4-5 минут, пока не поджарите по своему вкусу, и подавайте.

СОВЕТ ПО ЗАМЕНЕ. Если хотите, вы можете использовать только говяжий фарш или только бараний фарш для этого рецепта.

ГЛАВА СЕДЬМАЯ

ДЕСЕРТЫ И СЛАДКИЕ ВКУСНЯШКИ

Десерты кетодиеты – это развлечение! Я стараюсь, чтобы мои десертные рецепты были как можно более простыми. И поэтому, если я жажду чего-то сладкого, я могу быстро приготовить что-то из ингредиентов, которые есть дома. Я готовлю сладкое редко, вероятно, раз в неделю, потому что я поняла, что чем меньше я ем сладких продуктов, тем меньше я мечтаю о них. Будьте проще благодаря этим кетодесертам из 5 ингредиентов.

ЧЕРНИЧНО-ЕЖЕВИЧНОЕ МОРОЖЕНОЕ

Черника – моя любимая ягода, как и ежевика. Поэтому я создала сливочный, освежающий фруктовый лед с обеими ягодами. Цвет этого фруктового льда великолепен!

БЕЗ ГОТОВКИ
ВЕГЕТАРИАНСКОЕ

ПОРЦИЙ 4
ПОДГОТОВКА 5 минут и хотя бы 2 часа на заморозку

½ (185 г) банки кокосовых сливок, ¾ стакана несладкого необезжиренного кокосового молока или ¾ стакана жирных сливок
2 столовые ложки натурального подсластителя Swerve или 2 капли жидкой стевии
½ чайной ложки ванильного экстракта
¼ стакана смеси из черники и ежевики (свежей или замороженной)

В одной партии:
Калории — 661
Жиры — 68 г
Углеводы — 17 г
Чистые углеводы — 7 г
Клетчатка — 2 г
Белок — 4 г

В порции:
Калории — 165
Жиры — 17 г
Углеводы — 4 г
Чистые углеводы — 2 г
Клетчатка — 1 г
Белок — 1 г

1. В кухонном комбайне (или блендере) смешайте кокосовый крем, подсластитель и ваниль.
2. Добавьте смешанные ягоды и перемешайте всего несколько раз, чтобы черника сохранила свою текстуру.
3. Разлейте в формочки для мороженого и поставьте замораживаться не менее чем за 2 часа до подачи.

СОВЕТ ПО ИНГРЕДИЕНТАМ. Если у вас нет черники или ежевики, вы можете сделать только с одной из ягод.

КЛУБНИЧНО-ЛАЙМОВОЕ МОРОЖЕНОЕ

Свежий, восхитительный вкус этого мороженого напоминает мне мексиканскую палету. Я люблю добавлять сок лайма, так что в нем есть сладкий, сливочный и кислый вкусы. Все в одном восхитительном фруктовом льде.

БЕЗ ГОТОВКИ
ВЕГЕТАРИАНСКОЕ

ПОРЦИЙ 4
ПОДГОТОВКА 5 минут и хотя бы 2 часа на заморозку.

½ (185 г) банки кокосовых сливок, ¾ стакана несладкого необезжиренного кокосового молока или ¾ стакана жирных сливок
2 столовые ложки натурального подсластителя Swerve или 2 капли жидкой стевии
1 чайная ложка свежевыжатого сока лайма
¼ стакана очищенной и нарезанной клубники (свежей или замороженной)

В одной партии:
Калории — 663
Жиры — 168 г
Углеводы — 20 г
Чистые углеводы — 10 г
Клетчатка — 2 г
Белок — 4 г

В порции:
Калории — 166
Жиры — 17 г
Углеводы — 5 г
Чистые углеводы — 3 г
Клетчатка — 1 г
Белок — 1 г

1. В кухонном комбайне (или блендере) смешайте кокосовые сливки, подсластитель и сок лайма.
2. Добавьте клубнику и аккуратно перемешайте, стараясь, чтобы клубника сохранила свою текстуру.
3. Разлейте в формочки для мороженого и замораживайте минимум 2 часа.

СОВЕТ ПО ИНГРЕДИЕНТАМ. Вы также можете заменить клубнику на ежевику.

КОФЕЙНОЕ МОРОЖЕНОЕ

Кофе – основной продукт питания для многих людей на кетодиете. Почему бы не заморозить его в удобной форме для фруктового льда? Смесь кофе и сливок – это дополнительное удовольствие с шоколадными чипсами без сахара.

БЕЗ ГОТОВКИ
ВЕГЕТАРИАНСКОЕ

ПОРЦИЙ 4
ПОДГОТОВКА 5 минут и 2 часа на заморозку

2 чашки сваренного холодного кофе
½ (185 г) банки кокосовых сливок, ¾ стакана несладкого необезжиренного кокосового молока или ¾ стакана жирных сливок
2 столовые ложки натурального подсластителя Swerve или 2 капли жидкой стевии
2 чайные ложки шоколадных чипсов без сахара (я использую Lili's)

В одной партии:
Калории — 1483
Жиры — 139 г
Углеводы — 34 г
Чистые углеводы — 22 г
Клетчатка — 12 г
Белок — 54 г

В порции:
Калории — 247
Жиры — 23 г
Углеводы — 6 г
Чистые углеводы — 4 г
Клетчатка — 2 г
Белок — 8 г

1. В кухонном комбайне (или блендере) смешайте кофе, кокосовые сливки и подсластитель до однородной массы.
2. Налейте в формочки и положите в каждую формочку по несколько шоколадных чипсов.
3. Поставьте замораживаться не менее чем за 2 часа до подачи на стол.

СОВЕТ ПО ИНГРЕДИЕНТАМ. Регулируйте сладость на свой вкус.

ВАРИАНТЫ. Вы можете добавить любимый вкус без сахара, чтобы сделать мороженое таким же, как вы бы сделали ваш кофе:
* Корица
* Ваниль
* Шоколадный протеиновый порошок

МОРОЖЕНОЕ-ПОМАДКА

Мороженое – один из моих любимых десертов, потому что его легко сделать побольше, а потом, когда внезапно захочется сладкого, у меня есть уже готовая вкусняшка. Мороженое – это также интересный способ проявить творческий подход к различным вкусам. Я рекомендую вложиться в высококачественные формы для мороженого.

БЕЗ ГОТОВКИ
ВЕГЕТАРИАНСКОЕ

ПОРЦИЙ 4
ПОДГОТОВКА 5 минут и 2 часа на заморозку

½ (385 г) банки кокосовых сливок, ¾ стакана несладкого необезжиренного кокосового молока или ¾ стакана жирных сливок
2 столовые ложки натурального подсластителя Swerve или 2 капли жидкой стевии
2 столовые ложки несладкого какао-порошка
2 столовые ложки шоколадных чипсов без сахара (я использую Lily's)

В одной партии:
Калории — 771
Жиры — 79 г
Углеводы — 37 г
Чистые углеводы — 13 г
Клетчатка — 10 г
Белок — 8 г

В порции:
Калории — 193
Жиры — 20 г
Углеводы — 9 г
Чистые углеводы — 3 г
Клетчатка — 3 г
Белок — 2 г

1. В кухонном комбайне (или блендере) смешайте кокосовые сливки, подсластитель и несладкий какао-порошок.
2. Налейте в формы для мороженого и добавьте в каждую форму шоколадные чипсы.
3. Поставьте замораживаться не менее чем за 2 часа до подачи на стол.

СОВЕТ ПО ИНГРЕДИЕНТАМ. Регулируйте сладость на свой вкус.

ВАРИАНТЫ. Получайте удовольствие, играя со смесью:

* Вы можете добавить коллагеновый порошок в смесь для дополнительной пользы.
* Выберите жирные сливки и добавьте сливочный сыр. Добавьте шоколадную крошку в конце рецепта.

РУТ БИР ФЛОАТ

Я помню тот день, когда поняла, что могу с легкостью приготовить кетоориентированный рут бир флоат. Так волнительно! Эта версия кетоориентирована, и вы совсем не будете скучать по сахару.

30 МИНУТ
ОДНА КАСТРЮЛЯ
БЕЗ ГОТОВКИ
ВЕГЕТАРИАНСКОЕ

ПОРЦИЙ 2
ПОДГОТОВКА 5 минут

1 (340 г) банка диетического рут бира (мне нравится Zevia)
4 столовые ложки жирных сливок
1 чайная ложка ванильного экстракта
6 кубиков льда

В одной партии:
Калории — 111
Жиры — 5 г
Углеводы — 34 г
Чистые углеводы — 1 г
Клетчатка — 0 г
Белок — 1 г

В порции:
Калории — 56
Жиры — 6 г
Углеводы — 3 г
Чистые углеводы — 1 г
Клетчатка — 0 г
Белок — 1 г

1. В кухонном комбайне (или блендере) смешайте рут бир, сливки, ваниль и лед.
2. Хорошо перемешайте, налейте в два высоких бокала и подавайте на стол.
3. Для меня ни один рут бир флоат не обходится без гибкой соломинки.

СОВЕТ ПО ИНГРЕДИЕНТАМ. Если вы хотите алкогольный рут бир флоат, вы можете добавить в смесь ванильную водку или ром.

АПЕЛЬСИНОВО-СЛИВОЧНЫЙ ФЛОАТ

Апельсин – это не тот вкус, который вы часто встречаете на кетодиете. Вот почему я была так взволнована, когда обнаружила содовую Zevia Orange, приготовленную со стевией.

30 МИНУТ
ОДНА КАСТРЮЛЯ
БЕЗ ГОТОВКИ
ВЕГЕТАРИАНСКОЕ

ПОРЦИЙ 2
ПОДГОТОВКА 5 минут

1 банка диетической апельсиновой содовой (мне нравится Zevia)
4 столовые ложки жирных сливок
1 чайная ложка ванильного экстракта
6 кубиков льда

В одной партии:
Калории — 111
Жиры — 11 г
Углеводы — 5 г
Чистые углеводы — 1 г
Клетчатка — 0 г
Белок — 1 г

В порции:
Калории — 56
Жиры — 6 г
Углеводы — 3 г
Чистые углеводы — 1 г
Клетчатка — 0 г
Белок — 1 г

1. В кухонном комбайне (или блендере) смешайте апельсиновую содовую, сливки, ваниль и лед.
2. Хорошо перемешайте, налейте в два высоких бокала и подавайте на стол.

СОВЕТ ПО ИНГРЕДИЕНТАМ. Если вы хотите алкогольный коктейль, добавьте в эту смесь ванильную водку.

КЛУБНИЧНЫЙ КОКТЕЙЛЬ

Просто взглянув на названия рецептов в этой главе, вы, вероятно, заметили, что я люблю чизкейк. Так почему бы не попробовать клубничный коктейль в стиле чизкейка? Никакой выпечки или ожидания, когда застынет. Просто взбейте его. Готов через несколько минут!

30 МИНУТ
ОДНА СКОВОРОДА
БЕЗ ГОТОВКИ
ВЕГЕТАРИАНСКОЕ

ПОРЦИЙ 2
ПОДГОТОВКА 10 минут
¼ стакана жирных сливок
60 г сливочного сыра комнатной температуры
1 столовая ложка натурального подсластителя Swerve
¼ чайной ложки ванильного экстракта
6 порезанных ломтиками ягод клубники
6 кубиков льда

В одной партии:
Калории — 813
Жиры — 83 г
Углеводы — 25 г
Чистые углеводы — 11 г
Клетчатка — 1 г
Белок — 7 г

В порции:
Калории — 407
Жиры — 42 г
Углеводы — 13 г
Чистые углеводы — 6 г
Клетчатка — 1 г
Белок — 4 г

1. В кухонном комбайне (или блендере) смешайте жирные сливки, сливочный сыр, подсластитель и ванильный экстракт. Смешайте на высокой скорости, чтобы полностью объединить ингредиенты.
2. Добавьте клубнику и лед, перемешайте до однородной массы.
3. Налейте в два высоких бокала и подавайте.

СОВЕТ ПО ИНГРЕДИЕНТАМ. Немного взбитых сливок — всегда хорошее украшение для любого молочного коктейля.

ШОКОЛАДНЫЙ КОКТЕЙЛЬ FROSTY

Меня передергивает, когда думаю о некоторых вещах, которые я ела до кето. Но есть одна вкусняшка, которую я любила – Frosty, что подают в Wendy's. К счастью для меня, этот рецепт кетоимитации очень близок к настоящему. Я использую часть органического кокосового молока из банки в 385 граммов от Trader Joe's, которое я перемешиваю после открытия. Я предлагаю охлаждать среднюю металлическую миску и ручной миксер в морозильной камере, пока вы готовитесь к приготовлению этого блюда.

БЕЗ ГОТОВКИ
ВЕГЕТАРИАНСКОЕ

ПОРЦИЙ 4
ПОДГОТОВКА 5 минут и еще 2 часа на заморозку

½ банки (185 г) кокосовых сливок, ¾ стакана несладкого необезжиренного кокосового молока или ¾ стакана жирных сливок
2 столовые ложки натурального подсластителя Swerve или 2 капли жидкой стевии
2 столовые ложки несладкого какао-порошка
2 столовые ложки шоколадных чипсов без сахара (я использую Lily's)

В одной партии:
Калории — 887
Жиры — 93 г
Углеводы — 29 г
Чистые углеводы — 13 г
Клетчатка — 4 г
Белок — 8 г

В порции:
Калории — 444
Жиры — 47 г
Углеводы — 15 г
Чистые углеводы — 7 г
Клетчатка — 2 г
Белок — 4 г

1. Налейте сливки в среднюю холодную металлическую миску и с помощью ручного миксера и холодных венчиков взбейте сливки до тех пор, пока не образуются пики.
2. Медленно влейте кокосовое молоко и аккуратно размешайте его в сливках. Добавьте подсластитель, ваниль и какао-порошок и взбивайте до полного смешивания.
3. Налейте в два высоких стакана и охладите в морозильной камере в течение 1 часа перед подачей на стол. Обычно за это время я дважды перемешиваю коктейли.

СОВЕТ ПО ИНГРЕДИЕНТАМ. Если у вас нет кокосового молока, миндальное также подойдет.

МУСС КЛУБНИЧНЫЙ ЧИЗКЕЙК

Я люблю этот суперлегкий десерт. Любой человек, любящий чизкейк, моментально проглотит его! Приготовление занимает всего 10 минут, и в него легко добавить различные фрукты.

ОДНА КАСТРЮЛЯ
БЕЗ ГОТОВКИ
ВЕГЕТАРИАНСКОЕ

ПОРЦИЙ 2
ПОДГОТОВКА 10 минут и 1 час, чтобы остыл

115 г сливочного сыра комнатной температуры
1 столовая ложка жирных сливок
1 чайная ложка натурального подсластителя Swetve или 1 капля жидкой стевии
1 чайная ложка ванильного экстракта
4 порезанные ломтиками ягоды клубники (свежие или замороженные)

В одной партии:
Калории — 441
Жиры — 42 г
Углеводы — 21 г
Чистые углеводы — 8 г
Клетчатка — 1 г
Белок — 7 г

В порции:
Калории — 221
Жиры — 21 г
Углеводы — 11 г
Чистые углеводы — 4 г
Клетчатка — 1 г
Белок — 4 г

1. Разбейте сливочный сыр на более мелкие кусочки и равномерно распределите в кухонном комбайне (или блендере). Добавьте сливки, подсластитель и ваниль.
2. Смешайте вместе на высокой скорости. Я обычно останавливаюсь, дважды перемешиваю и соскребаю все по бокам миски маленьким резиновым скребком, чтобы убедиться, что все хорошо перемешано.
3. Добавьте клубнику в кухонный комбайн и перемешайте до получения однородной массы.
4. Разделите смесь для клубничного чизкейка между двумя небольшими блюдами и охладите в течение 1 часа перед подачей на стол.

СОВЕТ ПО ИНГРЕДИЕНТАМ. Жирные сливки помогают немного разжижить сливочный сыр. Если, когда вы смешиваете, он все еще кажется густым, добавьте еще немного сливок.

ВАРИАНТЫ.

* Я часто использую примерно ¼ стакана ежевики вместо клубники.
* На зимние праздники вместо клубники я люблю добавлять в смесь 90 г тыквенного пюре и 1 чайную ложку специй для тыквенного пирога.

ЛИМОННАЯ ЖИРНАЯ БОМБА

Жирные бомбы представляют собой кетоявление. Когда я только начала кето, я постоянно видела различные варианты жирных бомб, поэтому мне пришлось разработать пару своих собственных. Этот вариант любим моей дочерью, которая любит все лимонное. Дайте ингредиентам постоять на столе около 2 часов, чтобы они достигли комнатной температуры, прежде чем вы начнете готовить по этому рецепту. Это важный шаг, который нужно иметь в виду для любого рецепта жирной бомбы.

ВЕГЕТАРИАНСКОЕ
БЕЗ ГОТОВКИ

ПОРЦИЙ 2
ПОДГОТОВКА 10 минут и 2 часа на заморозку

½ лимона
115 г сливочного сыра комнатной температуры
60 г сливочного масла комнатной температуры
2 чайные ложки натурального подсластителя Swerve или 2 капли жидкой стевии
Щепотка розовой соли

В одной партии:
Калории — 807
Жиры — 85 г
Углеводы — 15 г
Чистые углеводы — 7 г
Клетчатка — 1 г
Белок — 8 г

В порции:
Калории — 404
Жиры — 43 г
Углеводы — 8 г
Чистые углеводы — 4 г
Клетчатка — 1 г
Белок — 4 г

1. Цедру половинки лимона очень мелко натрите в небольшую миску. Выжмите сок из половины лимона в миску с цедрой.
2. В средней миске смешайте сливочный сыр и сливочное масло. Добавьте подсластитель, лимонную цедру и сок, а также розовую соль. Используя ручной миксер, взбейте до полного смешивания.
3. Ложкой выложите смесь в формы для жирных бомб. (Я использую маленькие силиконовые формы для кексов. Если у вас нет форм, вы можете использовать бумажные вкладыши для кексов, которые помещаются в чашки.)
4. Заморозьте в течение как минимум 2 часов, разложите и наслаждайтесь! Храните лишние в морозильной камере в пакете на молнии, чтобы вы и ваши близкие могли достать их в любое время, когда хотите сладкого лакомства. Они могут храниться в морозилке до 3 месяцев.

СОВЕТ ПО ПРИГОТОВЛЕНИЮ. Для изготовления жирных бомб вы можете использовать лоток для кубиков льда в качестве суперлегкой формы.

ЖИРНАЯ БОМБА «ЯГОДНЫЙ ЧИЗКЕЙК»

Эти жирные бомбы дарят вам весь вкус чизкейка в кусочке на один укус. В этом рецепте мои любимые ягоды. Я использую комбинацию клубники и ежевики, разминаю их вместе, а затем кладу их в смесь. Все ингредиенты должны быть комнатной температуры — это важный шаг для успешного создания жирных бомб.

ВЕГЕТАРИАНСКОЕ
БЕЗ ГОТОВКИ

ПОРЦИЙ 2
ПОДГОТОВКА 10 минут и хотя бы 2 часа на заморозку

115 г сливочного сыра комнатной температуры
4 столовые ложки сливочного масла комнатной температуры
2 столовые ложки натурального подсластителя Swerve или 2 капли жидкой стевии
1 чайная ложка ванильного экстракта
¼ стакана ягод, свежих или замороженных

В одной партии:
Калории — 827
Жиры — 85 г
Углеводы — 17 г
Чистые углеводы — 7 г
Клетчатка — 2 г
Белок — 8 г

В порции:
Калории — 414
Жиры — 43 г
Углеводы — 9 г
Чистые углеводы — 4 г
Клетчатка — 1 г
Белок — 4 г

1. В средней миске с помощью ручного миксера взбейте сливочный сыр, масло, подсластитель и ванильный экстракт.
2. В небольшой миске тщательно разомните ягоды. Положите ягоды в сливочно-сырную смесь с помощью резинового скребка. (Если вы положите кусочки ягод в сливочно-сырную смесь, не разминая их, они замерзнут и будут иметь неприятную текстуру.)
3. Ложкой выложите сливочно-сырную смесь в форму для жировых бомб. (Я использую маленькие силиконовые формы для кексов. Если у вас нет форм, вы можете использовать бумажные вкладыши для кексов, которые помещаются в чашки.)
4. Замораживайтете не менее 2 часов, разложите в посуду для подачи и наслаждайтесь! Оставшиеся жирные бомбы можно хранить в морозильной камере в пакете на молнии до 3 месяцев. Приятно, если они есть в морозилке, когда вам захочется сладкого лакомства.

СОВЕТ ПО ПРИГОТОВЛЕНИЮ. В качестве легкой формы для жирных бомб вы можете использовать лоток для кубиков льда.

ЖИРНАЯ БОМБА С АРАХИСОВОЙ ПАСТОЙ

Моя дочь – маньяк арахисового масла, так что эти жирные бомбы – легкий способ сделать ее счастливой. Вы можете смешать их до того, как приготовите ужин, и они будут готовы к десерту: быстро и легко. Все ингредиенты должны быть комнатной температуры. Это важно для любого рецепта жирной бомбы.

ВЕГЕТАРИАНСКОЕ

ПОРЦИЙ 2
ПОДГОТОВКА 10 минут и 30 минут на заморозку

1 столовая ложка сливочного масла комнатной температуры
1 столовая ложка кокосового масла
2 столовые ложки натурального арахисового или миндального масла
2 столовые ложки натурального подсластителя Swerve или 2 капли жидкой стевии

В одной партии:
Калории — 391
Жиры — 39 г
Углеводы — 15 г
Чистые углеводы — 5 г
Клетчатка — 2 г
Белок — 6 г

В порции:
Калории — 196
Жиры — 20 г
Углеводы — 8 г
Чистые углеводы — 3 г
Клетчатка — 1 г
Белок — 3 г

1. Возьмите миску для микроволновки. В ней растопите сливочное масло, кокосовое масло и арахисовое масло в микроволновой печи на 50% мощности. Добавьте подсластитель.
2. Вылейте смесь в формы для жировых бомб. (Я использую маленькие силиконовые формы для кексов.)
3. Заморозьте на 30 минут, разложите и наслаждайтесь! Держите оставшиеся в морозильной камере, чтобы вы могли съесть их в любое время, когда захотите сладкого лакомства.

СОВЕТ ПО ПРИГОТОВЛЕНИЮ. В качестве легкой формы для жирных бомб вы можете использовать лоток для кубиков льда. Когда жирные бомбы замерзнут, выньте их из лотка для льда, положите в пакет на молнии и храните в морозильной камере до 3 месяцев.

ЧИЗКЕЙК-БАЙТЫ БЕЗ КОРОЧКИ

Чизкейк – мой любимый десерт. К счастью, легко сделать кетоориентированный чизкейк! Можно сделать идеальные десерты на один укус для семейных обедов или для того, чтобы взять с собой на званый ужин.

ВЕГЕТАРИАНСКОЕ
ОДНА КАСТРЮЛЯ

ПОРЦИЙ 4
ПОДГОТОВКА 10 минут и 3 часа, чтобы остыло

115 г сливочного сыра комнатной температуры
¼ стакана сметаны
2 больших яйца
1/3 стакана натурального подсластителя Swerve
¼ чайной ложкой ванильного экстракта

В одной партии:
Калории — 677
Жиры — 60 г
Углеводы — 71 г
Чистые углеводы — 7 г
Клетчатка — 0 г
Белок — 20 г

В порции:
Калории — 169
Жиры — 15 г
Углеводы — 18 г
Чистые углеводы — 2 г
Клетчатка — 0 г
Белок — 5 г

1. Разогрейте духовку до 180°С.
2. В средней миске с помощью ручного миксера взбейте сливочный сыр, сметану, яйца, подсластитель и ваниль до однородной массы.
3. Поместите силиконовые вкладыши (или бумажные вкладыши для кексов) в жестяные формы для кексов.
4. Вылейте тесто для чизкейка во вкладыши и выпекайте в течение 30 минут.
5. Охлаждайте примерно 3 часа до полного охлаждения перед подачей на стол. Храните оставшиеся чизкейк-байты в пакете на молнии в морозильной камере до 3 месяцев.

СОВЕТ ПО ИНГРЕДИЕНТАМ. Я считаю, что гораздо легче смешивать сливочный сыр, когда он комнатной температуры.

ВАРИАНТЫ

* Добавьте лимонную цедру для восхитительного всплеска вкуса.
* Для кетоверсии лаймового чизкейка добавьте

½ чайной ложки смеси лаймового желе без сахара и ½ чайной ложки свежевыжатого сока лайма.

ТЫКВЕННЫЕ ЧИЗКЕЙК-БАЙТЫ БЕЗ КОРОЧКИ

Эти байты имеют классический вкус чизкейка с тыквенным привкусом. Идеально подходят для осени, когда всего хочется с тыквой, но одинаково вкусны в любое время года.

ВЕГЕТАРИАНСКОЕ

ПОРЦИЙ 4
ПОДГОТОВКА 10 минут и 3 часа, чтобы остыть
ВРЕМЯ ГОТОВКИ 30 минут

115 г тыквенного пюре
115 г сливочного сыра комнатной температуры
2 больших яйца
1/3 стакана натурального подсластителя Swerve
2 чайные ложки специй для тыквенного пирога

В одной партии:
Калории — 622
Жиры — 49 г
Углеводы — 82 г
Чистые углеводы — 15 г
Клетчатка — 3 г
Белок — 21 г

В порции:
Калории — 156
Жиры — 12 г
Углеводы — 21 г
Чистые углеводы — 4 г
Клетчатка — 1 г
Белок — 5 г

1. Разогрейте духовку до 180°C.
2. В средней миске с помощью ручного миксера смешайте тыквенное пюре, сливочный сыр, яйца, подсластитель и специи для тыквенного пирога до однородной массы.
3. Поместите силиконовые вкладыши (или бумажные вкладыши для кексов) в чашки для кексов.
4. Вылейте тесто в формочки и выпекайте в течение 30 минут.
5. Поставьте примерно на 3 часа в холодильник до полного охлаждения перед подачей на стол. Положите оставшиеся кусочки чизкейка в пластиковый пакет на молнии и храните в морозильной камере до 3 месяцев.

СОВЕТ ПО ИНГРЕДИЕНТАМ. Используйте чистую тыкву, а не смесь для тыквенного пирога, в которой есть сахар.

ИСКА С ЯГОДНЫМ ПЕКАНОМ В МАСКАРПОНЕ

Многие любят это блюдо на завтрак, но с творогом. Однажды вечером я попробовала его с маскарпоне с добавлением подсластителя, и мне очень понравилось. Было похоже на настоящий десерт. Затем я добавила небольшую горсть кетоориентированных шоколадных чипсов, и оказалась в десертном раю.

30 МИНУТ
ОДНА КАСТРЮЛЯ
БЕЗ ГОТОВКИ
ВЕГЕТАРИАНСКОЕ

ПОРЦИЙ 2
ПОДГОТОВКА 5 минут

1 стакан нашинкованных орехов пекан
1 чайная ложка натурального подсластителя Swerve или 1 капля жидкой стевии
¼ стакана майонеза
30 чипсов темного шоколада от Lily's
6 порезанных ломтиками ягод клубники

В одной партии:
Калории — 923
Жиры — 93 г
Углеводы — 30 г
Чистые углеводы — 11 г
Клетчатка — 14 г
Белок — 12 г

В порции:
Калории — 462
Жиры — 47 г
Углеводы — 15 г
Чистые углеводы — 6 г
Клетчатка — 7 г
Белок — 6 г

1. Распределите орехи пекан между двумя десертными мисками.
2. В небольшой миске смешайте подсластитель с сыром маскарпоне. Поверх орехов посыпьте ложкой подслащенного маскарпоне.
3. Посыпьте шоколадной крошкой, сверху выложите клубнику и подавайте на стол.

СОВЕТ ПО ЗАМЕНЕ. Вы также можете использовать сыр рикотта вместо маскарпоне.

ШОКОЛАДНО-АВОКАДНЫЙ ПУДИНГ

Я пришла к этому рецепту после некоторых проб и ошибок с творениями из шоколада и авокадо. Я собиралась отказаться от этой комбинации, потому что они просто никогда не выходили как надо. Но это было до того, как я открыла этот простой и эффективный рецепт пудинга.

ОДНА КАСТРЮЛЯ
БЕЗ ГОТОВКИ
ВЕГЕТАРИАНСКОЕ

ПОРЦИЙ 2
ПОДГОТОВКА 5 минут и 30 минут, чтобы остыть

1 спелое среднее авокадо, нарезанное ломтиками
60 г сливочного сыра комнатной температуры
1 столовая ложка натурального подсластителя Swerve
4 столовых ложки несладкого какао-порошка
¼ чайной ложки ванильного экстракта
Щепотка розовой соли

В одной партии:
Калории — 562
Жиры — 54 г
Углеводы — 54 г
Чистые углеводы — 24 г
Клетчатка — 19 г
Белок — 16 г

В порции:
Калории — 281
Жиры — 27 г
Углеводы — 27 г
Чистые углеводы — 12 г
Клетчатка — 10 г
Белок — 8 г

1. В кухонном комбайне (или блендере) смешайте авокадо со сливочным сыром, подсластителем, какао-порошком, ванилью и розовой солью. Смешивайте до однородной массы.
2. Налейте в две маленькие десертные миски и охладите в течение 30 минут перед подачей на стол.

СОВЕТ ПО ИНГРЕДИЕНТАМ. Если у вас крупное авокадо, используйте только половину. Вы же не хотите, чтобы преобладал вкус авокадо.

ПЕЧЕНЬЕ ИЗ АРАХИСОВОГО МАСЛА

Если вы любите арахисовое масло, вам понравится это печенье. Оно очень простое, всего из трех ингредиентов. Может быть, мои вкусовые рецепторы, привыкшие к кето, но для меня эти печенья на вкус не отличаются от версии, напичканной сахаром!

30 МИНУТ
ВЕГЕТАРИАНСКОЕ

15 ПЕЧЕНИЙ
ПОДГОТОВКА 5 минут
ВРЕМЯ ГОТОВКИ 10 минут и 10 минут, чтобы остудить

1 стакан натурального арахисового масла с кусочками арахиса
½ стакана натурального подсластителя Swerve
1 яйцо

В одной партии:
Калории — 1466
Жиры — 118 г
Углеводы — 153 г
Чистые углеводы — 43 г
Клетчатка — 14 г
Белок — 56 г

В порции:
Калории — 98
Жиры — 8 г
Углеводы — 10 г
Чистые углеводы — 3 г
Клетчатка — 1 г
Белок — 4 г

1. Разогрейте духовку до 180°С. Выстелите противень силиконовым ковриком или пергаментной бумагой.
2. В средней миске с помощью ручного миксера смешайте арахисовое масло, подсластитель и яйцо.
3. Скатайте тесто в небольшие шарики диаметром около 2,5 см.
4. Выложите шарики из теста для печенья на подготовленный противень. Прижмите каждый шарик теста зубцами вилки, затем повторите, чтобы сделать рисунок крест-накрест.
5. Выпекайте около 12 минут или до золотистого цвета.
6. Дайте печенью остыть в течение 10 минут на перед подачей на стол. Если вы попытаетесь переместить их слишком рано, они рассыплются.
7. Храните оставшееся печенье прикрытым в холодильнике до 5 дней.

СОВЕТ ПО ИНГРЕДИЕНТАМ. Вы можете использовать кремовое арахисовое масло, но я думаю, что текстура орехов делает печенье лучше.

ШОКОЛАДНЫЙ МУСС

Это очень вкусный насыщенный десерт с шоколадным привкусом. Он набит жирами и искрится от сливочно-шоколадного вкуса.

БЕЗ ГОТОВКИ
ВЕГЕТАРИАНСКОЕ

ПОРЦИЙ 2
ПОДГОТОВКА 10 минут и 1 час, чтобы охладилось

1 ½ столовой ложки жирных сливок
4 столовые ложки сливочного масла комнатной температуры
1 столовая ложка несладкого какао-порошка
4 столовые ложки сливочного сыра комнатной температуры
1 столовая ложка натурального подсластителя Swerve

В одной партии:
Калории — 920
Жиры — 99 г
Углеводы — 20 г
Чистые углеводы — 7 г
Клетчатка — 1 г
Белок — 7 г

В порции:
Калории — 460
Жиры — 50 г
Углеводы — 10 г
Чистые углеводы — 4 г
Клетчатка — 1 г
Белок — 4 г

1. В средней охлажденной миске взбейте сливки венчиком или вилкой. Охладите.
2. В отдельной средней миске с помощью ручного миксера взбейте сливочное масло, какао-порошок, сливочный сыр и подсластитель до однородной массы.
3. Возьмите жирные сливки из холодильника. Аккуратно переложите жирные сливки в шоколадную смесь с помощью резинового скребка.
4. Распределите пудинг между двумя десертными чашами.
5. Накройте крышкой и охлаждайте в течение 1 часа перед подачей на стол.

СОВЕТ ПО ПРИГОТОВЛЕНИЮ. Для приготовления взбитых сливок я люблю ставить чистую металлическую миску среднего размера на пару часов в морозильную камеру, прежде чем использовать ее. Если вы используете венчики, прежде чем взбивать сливки, вы также можете положить их в морозильную камеру, чтобы охладить в течение нескольких минут.

ВАРИАНТЫ. Шоколад хорошо сочетается с различными вкусами и текстурами:

* Свежая малина поверх этого мусса – это объедение.
* Для экстравысокого качества жира предлагаю добавить в эту смесь ¼ авокадо. Авокадо придаст гладкую маслянистость.

МОРОЖЕНОЕ С МЯТНО-ШОКОЛАДНЫМ ЛОМОМ

Сейчас на рынке есть много низкоуглеводного мороженого, но ничто не сравнится с вашим собственным. Вам не нужно иметь дома модную мороженицу, чтобы приготовить это мороженое.

ВЕГЕТАРИАНСКОЕ
ОДНА СКОВОРОДА

ПОРЦИЙ 2
ПОДГОТОВКА 10 минут и хотя бы 4 часа, чтобы заморозить
ВРЕМЯ ГОТОВКИ 30 минут

½ столовой ложки сливочного масла
1 столовая ложка натурального подсластителя Swerve
10 столовых ложек жирных сливок, добавлять частями
¼ чайной ложки экстракта перечной мяты
2 столовые ложки шоколадных чипсов без сахара (я использую Lily's)

В одной партии:
Калории — 650
Жиры — 66 г
Углеводы — 34 г
Чистые углеводы — 8 г
Клетчатка — 8 г
Белок — 5 г

В порции:
Калории — 325
Жиры — 33 г
Углеводы — 17 г
Чистые углеводы — 4 г
Клетчатка — 4 г
Белок — 3 г

1. Положите среднюю металлическую миску и ручные венчики в морозилку, чтобы охладить.
2. В небольшой тяжелой кастрюле на среднем огне растопит сливочное масло. Взбейте подсластитель и 5 столовых ложе сливок.
3. На среднем огне доведите смесь до кипения, постоянно поме шивая. Убавьте огонь до минимума и готовьте еще около 30 ми нут, периодически помешивая. Нужно, чтобы смесь была густо и прилипала к ложке.
4. Добавьте экстракт перечной мяты.
5. Вылейте загустевшую смесь в среднюю миску и поставьте в хо лодильник до полного остывания.
6. Достаньте металлическую миску и миксерные венчики из м розильной камеры. Влейте оставшиеся 5 столовых ложек слив в миску. С помощью электрического миксера взбейте сливки д тех пор, пока они не станут густыми, пышными и не будут обр зовывать пики. Не переусердствуйте, иначе сливки превратят в масло. Выньте кремовую смесь из холодильника.
7. Используя резиновый скребок, аккуратно выложите взбит сливки в охлажденную смесь.
8. Переложите смесь в небольшие металлические контейне в морозилке (я использую мини-противень для хлеба, так я готовлю только для двух человек).
9. Вмешайте шоколадную стружку и накройте контейнер фолы или полиэтиленовой пленкой.
10. Заморозьте мороженое за 4-5 часов до подачи, дважды по шивая в течение этого времени.

СОВЕТ ПО ЗАМЕНЕ. Если вам не нравится экстракт переч мяты, вы можете заменить его экстрактом ванили.

КОРА ИЗ ТЕМНОГО ШОКОЛАДА И КЛУБНИКИ

Однажды вечером мне захотелось немного темного шоколада. Когда моя дочь делает клубнику в шоколаде, она использует кетоориентированные батончики темного шоколада, растопленные с жирными сливками, поэтому я решила попробовать что-то хрустящее.

ВЕГЕТАРИАНСКОЕ

ПОРЦИЙ 2
ПОДГОТОВКА 10 минут и 2 часа, чтобы остыть
ВРЕМЯ ГОТОВКИ 1 минута

½ (80 г) кетоориентованных шоколадных батончика (я использую Lily's)
1 столовая ложка жирных сливок
2 столовые ложки соленого миндаля
1 свежая порезанная на ломтики ягода клубники

В одной партии:
Калории — 1483
Жиры — 139 г
Углеводы — 34 г
Чистые углеводы — 22 г
Клетчатка — 12 г
Белок — 54 г

В порции:
Калории — 247
Жиры — 23 г
Углеводы — 6 г
Чистые углеводы — 4 г
Клетчатка — 2 г
Белок — 8 г

1. Выстелите противень пергаментной бумагой.
2. Разбейте половину шоколадного батончика на мелкие кусочки и положите кусочки в микроволновую печь вместе со сливками.
3. Нагревайте в микроволновой печи в течение 45 секунд при 50% мощности. Перемешайте шоколад и готовьте еще 20 секунд при 50% мощности. Снова перемешайте, убедившись, что смесь полностью расплавилась и смешалась. Если нет, разогревайте еще 20 секунд.
4. Вылейте шоколадную смесь на пергаментную бумагу тонким равномерным слоем.
5. Посыпьте миндалем, затем добавьте ломтики клубники.
6. Охлаждайте примерно 2 часа, пока не затвердеет.
7. Как только кора станет твердой и приятной, разбейте ее на мелкие кусочки, чтобы можно было кусать. Ням-ням!
8. Кора будет храниться до 4 дней в холодильнике в закрытом контейнере.

СОВЕТ ПО ИНГРЕДИЕНТАМ. В этом десерте вы можете заменить миндаль орехами макадамия. Это будет восхитительным вариантом.

ГЛАВА ВОСЬМАЯ

СОУСЫ И ЗАПРАВКИ

Когда дело доходит до соусов и заправок, существует множество отличных низкоуглеводных вариантов. Но иногда, если у вас дома есть ингредиенты, может быть здорово приготовить их самостоятельно. Соусы в этой главе – одни из моих любимых, и в них обычно используются ингредиенты, которые у вас уже есть в холодильнике или кладовой. Самое большое преимущество приготовления собственных соусов и заправок, конечно, заключается в том, что вы полностью контролируете то, что в них входит, и поэтому можете чувствовать себя уверенными в количестве углеводов.

ДИЖОНСКАЯ ЗАПРАВКА С УКСУСОМ

Я люблю этот легкую, пикантную заправку для салатов. Она особенно хороша с салатами, которые содержат помидоры, ягоды или другие сладкие элементы, к которым подходит дижонская горчица.

30 МИНУТ
ОДНА СКОВОРОДА
БЕЗ ГОТОВКИ
ВЕГЕТАРИАНСКОЕ

ПОРЦИЙ 4
ПОДГОТОВКА 5 минут

2 столовые ложки дижонской горчицы
Сок ½ лимона
1 измельченный зубчик чеснока
1 ½ столовой ложки красного винного уксуса
Розовая соль
Свежемолотый черный перец
3 столовые ложки оливкового масла

В одной партии:
Калории — 396
Жиры — 42 г
Углеводы — 5 г
Чистые углеводы — 4 г
Клетчатка — 2 г
Белок — 2 г

В порции:
Калории — 99
Жиры — 11 г
Углеводы — 1 г
Чистые углеводы — 1 г
Клетчатка — 1 г
Белок — 1 г

1. В небольшой миске взбейте горчицу, лимонный сок, чеснок и красный винный уксус до тех пор, пока они как следует не соединятся. Приправьте розовой солью и перцем и снова взбейте.
2. Медленно и понемногу добавляйте оливковое масло, постоянно взбивая.
3. Храните в холодильнике в закрытой стеклянной таре до 1 недели.

СОВЕТ ПО ЗАМЕНЕ. Не стесняйтесь заменять красный винный уксус яблочным.

ЗАПРАВКА «ЗЕЛЕНАЯ БОГИНЯ»

Эта простая заправка может быть сделана в мгновение ока и имеет совершенно божественный вкус, когда пониваешь ей салаты и мясные блюда. Попробуйте ее с медальонами из говяжьей вырезки без кости, приготовленными на гриле и нарезанными толстыми ломтиками.

30 МИНУТ
ОДНА КАСТРЮЛЯ
БЕЗ ГОТОВКИ
ВЕГЕТАРИАНСКОЕ

ПОРЦИЙ 4
ПОДГОТОВКА 5 минут

2 столовые ложки пахты
¼ стакана греческого йогурта
1 чайная ложки яблочного уксуса
1 измельченный зубчик чеснока
1 столовая ложка оливкового масла
1 столовая ложка свежих листьев петрушки

В одной партии:
Калории — 249
Жиры — 25 г
Углеводы — 4 г
Чистые углеводы — 4 г
Клетчатка — 0 г
Белок — 3 г

В порции:
Калории — 62
Жиры — 6 г
Углеводы — 1 г
Чистые углеводы — 1 г
Клетчатка — 0 г
Белок — 1 г

1. В кухонном комбайне (или блендере) смешайте пахту, йогурт, яблочный уксус, чеснок, оливковое масло и петрушку. Тщательно смешайте.
2. Перелейте в герметичную стеклянную емкость и охлаждайте в холодильнике не менее 30 минут перед подачей на стол. Эта заправка хранится в холодильнике до 1 недели.

СОВЕТ ПО ЗАМЕНЕ. Эта заправка также будет вкусной, если вы возьмете вместо греческого йогурта сметану, или если вы смешаете немного свежего нарезанного зеленого лука с петрушкой.

ЗАПРАВКА «ЦЕЗАРЬ»

«Цезарь» – идеальная салатная заправка во время кетодиеты. Он наполнен полезными жирами и вкусными пикантными ингредиентами. Эта заправка может привнести изысканности даже в самый простой салат.

30 МИНУТ
ОДНА КАСТРЮЛЯ
БЕЗ ГОТОВКИ

ПОРЦИЙ 4
ПОДГОТОВКА 5 минут

½ стакана майонеза
1 столовая ложка дижонской горчицы
Сок ½ лимона
½ чайной ложки вустерширского соуса
Щепотка розовой соли
Щепотка свежемолотого черного перца
¼ стакана тертого сыра пармезан

В одной партии:
Калории — 889
Жиры — 93 г
Углеводы — 8 г
Чистые углеводы — 7 г
Клетчатка — 1 г
Белок — 9 г

В порции:
Калории — 222
Жиры — 23 г
Углеводы — 2 г
Чистые углеводы — 2 г
Клетчатка — 0 г
Белок — 2 г

1. В средней миске взбейте вместе майонез, горчицу, лимонный сок, вустерширский соус, розовую соль и перец до однородности.
2. Добавьте сыр пармезан и взбейте до однородной массы.
3. Хранить в холодильнике в закрытой стеклянной таре до 1 недели.

СОВЕТ ПО ХРАНЕНИЮ. Стеклянная банка с завинчивающейся крышкой – это идеальный контейнер для хранения домашних салатных заправок.

ВАРИАНТЫ. Есть много способов сделать заправку «Цезарь». Будьте изобретательны!

* Паста из анчоусов – традиционное дополнение к этой заправке. Добавьте 1 чайную ложку.
* ¼ стакана сметаны и измельченный чеснок также добавляют приятный привкус.

КРЕМ ИЗ АВОКАДО И ЛАЙМА

Думайте об этом креме как о более шелковистом гуакамоле, который также может быть использован для приготовления множества различных блюд. Попробуйте его с чем угодно, от салатов до мясных блюд.

30 МИНУТ
ОДНА КАСТРЮЛЯ
БЕЗ ГОТОВКИ
ВЕГЕТАРИАНСКОЕ

ПОРЦИЙ 4
ПОДГОТОВКА 5 минут

½ стакана сметаны
½ авокадо
1 измельченный зубчик чеснока
¼ стакана свежих листьев кинзы
Сок ½ лайма
Щепотка розовой соли
Щепотка свежемолотого черного перца

В одной партии:
Калории — 346
Жиры — 33 г
Углеводы — 14 г
Чистые углеводы — 8 г
Клетчатка — 6 г
Белок — 4 г

В порции:
Калории — 87
Жиры — 8 г
Углеводы — 4 г
Чистые углеводы — 2 г
Клетчатка — 2 г
Белок — 1 г

1. В кухонном комбайне (или блендере) смешайте сметану, авокадо, чеснок, кинзу, сок лайма, розовую соль и перец до получения однородной массы.
2. Переложите соус в герметичную стеклянную банку и храните в холодильнике до 3 дней.

СОВЕТ ПО ИНГРЕДИЕНТАМ. Мне нравится класть крем в пакет на молнии и вырезать маленький уголок - получается кулинарный мешок. Крем прекрасно смотрится с тако, мясом, жареными яйцами и многим другим.

ЗАПРАВКА С КУСОЧКАМИ ГОЛУБОГО СЫРА

Отличная заправка для клин-салата или хорошего стейк-салата, но блюдо, с которой я использую ее чаще всего, — это острые крылышки! Нет ничего лучше, чем хрустящее острое крылышко, обмакнутое в эту холодную и сливочную заправку с голубым сыром.

30 МИНУТ
ОДНА КАСТРЮЛЯ
БЕЗ ГОТОВКИ

ПОРЦИЙ 4
ПОДГОТОВКА 5 минут

½ стакана сметаны
½ стакана майонеза
Сок ½ лимона
½ чайная ложка вустерширского соуса
Розовая соль
Свежемолотый черный перец
60 г кусочков голубого сыра

В одной партии:
Калории — 1225
Жиры — 126 г
Углеводы — 12 г
Чистые углеводы — 11 г
Клетчатка — 1 г
Белок — 18 г

В порции:
Калории — 306
Жиры — 32 г
Углеводы — 3 г
Чистые углеводы — 3 г
Клетчатка — 0 г
Белок — 7 г

1. В средней миске взбейте сметану, майонез, лимонный сок и вустерширский соус. Приправьте розовой солью и перцем и снова взбейте до полного смешивания.
2. Добавьте кусочки голубого сыра и взбейте.
3. Храните в холодильнике в закрытой стеклянной таре до 1 недели.

СОВЕТ ПО ИНГРЕДИЕНТАМ. Вы можете самостоятельно подобрать нужное количество кусочков голубого сыра для использования в заправке. Мне заправка нравится плотной.

ШРИРАЧА МАЙО

Соус, который делает любую еду лучше. Сливочный и пряный, он идеально подходит для курицы, овощей и всего остального, что вы можете съесть.

30 МИНУТ
ОДНА КАСТРЮЛЯ
БЕЗ ГОТОВКИ
ВЕГЕТАРИАНСКОЕ

ПОРЦИЙ 2
ПОДГОТОВКА 5 минут

½ стакана майонеза
2 столовых ложки соуса шрирача
½ чайной ложки чесночного порошка
½ чайной ложки лукового порошка
¼ чайной ложки паприки

В одной партии:
Калории — 804
Жиры — 88 г
Углеводы — 6 г
Чистые углеводы — 5 г
Клетчатка — 1 г
Белок — 2 г

В порции:
Калории — 201
Жиры — 22 г
Углеводы — 2 г
Чистые углеводы — 1 г
Клетчатка — 0 г
Белок — 1 г

1. В небольшой миске взбейте вместе майонез, соус шрирача, чесночный порошок, луковый порошок и паприку до однородной массы.
2. Перелейте в герметичную стеклянную емкость и храните в холодильнике до 1 недели.

СОВЕТ ПО ИНГРЕДИЕНТАМ. Вы можете регулировать количество соуса шрирача, чтобы увеличить или уменьшить уровень остроты.

АВОКАДО МАЙО

Вы можете легко приготовить свой майонез, используя авокадо. Может, у вас закончился майонез, а может, вам просто нравится готовить собственный. Используя авокадо, вы можете приготовить отличный майонез, который очень вкусно сочетается с блюдами или используется для приготовления кетобургера или сэндвича.

30 МИНУТ
ОДНА КАСТРЮЛЯ
БЕЗ ГОТОВКИ
ВЕГЕТАРИАНСКОЕ

ПОРЦИЙ 4
ПОДГОТОВКА 5 минут

1 среднее авокадо, порезанное на кусочки
½ чайной ложки молотого кайенского перца
Сок ½ лайма
2 столовые ложки свежих листьев кинзы (по желанию)
Щепотка розовой соли
¼ стакана оливкового масла

В одной партии:
Калории — 231
Жиры — 20 г
Углеводы — 16 г
Чистые углеводы — 5 г
Клетчатка — 10 г
Белок — 3 г

В порции:
Калории — 58
Жиры — 5 г
Углеводы — 4 г
Чистые углеводы — 1 г
Клетчатка — 3 г
Белок — 1 г

1. В кухонном комбайне (или блендере) взбивайте авокадо, кайенский перец, сок лайма, кинзу и розовую соль до тех пор, пока все ингредиенты не смешаются в однородную шелковистую массу.
2. Медленно вливайте оливковое масло, добавляя по 1 столовой ложке за один раз, и перемешивайте кухонным комбайном.
3. Хранить в холодильнике в закрытой стеклянной таре до 1 недели.

СОВЕТ ПО ИНГРЕДИЕНТАМ. Нужно, чтобы авокадо был спелым: не слишком твердым, но и не слишком мягким. Когда вы выбираете его на рынке, совершенно спелый авокадо должен просто поддаться легкому давлению большого пальца рядом со стеблем. Такая проверка не повреждает авокадо, как другие методы.

АРАХИСОВЫЙ СОУС

Арахисовый соус выведет ваши блюда из курицы на новый уровень. Я также люблю добавлять овощи, нарезанные в форме лапши. Я часто использую его с тем блюдом, в которое хочу добавить небольшой акцент азитской кухни.

30 МИНУТ
ОДНА КАСТРЮЛЯ
БЕЗ ГОТОВКИ
ВЕГЕТАРИАНСКОЕ

ПОРЦИЙ 4
ПОДГОТОВКА 5 минут

½ стакана кремового арахисового масла (я использую Justin's)
2 столовые ложки соевого соуса (или кокосовых аминокислот)
1 чайная ложка соуса шрирача
1 чайная ложка подогретого кунжутного масла
1 чайная ложка чесночного порошка

В одной партии:
Калории — 741
Жиры — 61 г
Углеводы — 33 г
Чистые углеводы — 25 г
Клетчатка — 8 г
Белок — 27 г

В порции:
Калории — 185
Жиры — 15 г
Углеводы — 8 г
Чистые углеводы — 6 г
Клетчатка — 2 г
Белок — 7 г

1. В кухонном комбайне (или блендере) смешайте арахисовое масло, соевый соус, соус шрирача, кунжутное масло и чесночный порошок до однородной массы.
2. Перелейте в герметичную стеклянную емкость и храните в холодильнике до 1 недели.

СОВЕТ ПО ИНГРЕДИЕНТАМ. Для необычной текстуры используйте арахисовое масло с кусочками арахиса.

ЧЕСНОЧНЫЙ АЙОЛИ

Чесночный айоли всегда звучит так шикарно в меню ресторана, но на самом деле его очень легко приготовить. Зеленый лук и петрушка необязательны, но я люблю добавлять свежие травы в подобные соусы.

30 МИНУТ
ОДНА КАСТРЮЛЯ
БЕЗ ГОТОВКИ
ВЕГЕТАРИАНСКОЕ

ПОРЦИЙ 4
ПОДГОТОВКА 5 минут и 30 минут, чтобы остыло

½ стакана майонеза
2 измельченных зубчика чеснока
Сок 1 лимона
1 столовая ложка нарезанной свежей листовой итальянской петрушки
1 чайная ложка нарезанного зеленого лука
Розовая соль
Свежемолотый черный перец

В одной партии:
Калории — 817
Жиры — 88 г
Углеводы — 11 г
Чистые углеводы — 9 г
Клетчатка — 2 г
Белок — 2 г

В порции:
Калории — 204
Жиры — 22 г
Углеводы — 3 г
Чистые углеводы — 2 г
Клетчатка — 1 г
Белок — 1 г

1. В кухонном комбайне (или блендере) смешайте майонез, чеснок, лимонный сок, петрушку и зеленый лук, приправьте розовой солью и перцем. Взбивайте до полного смешивания.
2. Перелейте в герметичную стеклянную емкость и поставьте в холодильнике не менее, чем на 30 минут перед подачей на стол. Этот соус может храниться в холодильнике до 1 недели.

СОВЕТ ПО ИНГРЕДИЕНТАМ. Измельчите чеснок как можно тщательней для достижения наилучшего результата. Вы даже можете натереть его на терке с цедрой, если она у вас есть.

ЦАЦИКИ

Соус цацики невозможно вкусный. Я люблю поесть в средиземноморском бистро возле моего дома. Они подают цацики, и я всегда прошу добавки. В один прекрасный день я наконец приготовила его сама. Секрет в том, чтобы удалить всю воду из огурца. Кроме того, цацики очень легок в приготовлении.

БЕЗ ГОТОВКИ
ВЕГЕТАРИАНСКОЕ

ПОРЦИЙ 4
ПОДГОТОВКА 10 минут и хотя бы 30 минут, чтобы остыло

½ большого неочищенного английского огурца
1 ½ стакана греческого йогурта (я использую Fage)
2 столовые ложки оливкового масла
Большая щепотка розовой соли
Большая щепотка свежемолотого черного перца
Сок ½ лимона
2 измельченных зубчика чеснока
1 столовая ложка свежего укропа

В одной партии:
Калории — 596
Жиры — 44 г
Углеводы — 20 г
Чистые углеводы — 18 г
Клетчатка — 2 г
Белок — 32 г

В порции:
Калории — 149
Жиры — 11 г
Углеводы — 5 г
Чистые углеводы — 5 г
Клетчатка — 1 г
Белок — 8 г

1. Разрежьте огурец вдоль пополам и ложкой вычерпайте и выбросьте семена.
2. Натрите огурец на терке на большую тарелку, выложенную несколькими слоями бумажных полотенец. Накройте бумажными полотенцами тертый огурец и выжмите из него как можно больше воды. (Это может занять некоторое время и может потребоваться нескольких бумажных полотенец. Если у вас есть время, вы также можете дать ему постоять ночь в холодильнике, чтобы стечь, в ситечке или завернув в несколько слоев марли.)
3. В кухонном комбайне (или блендере) смешайте йогурт, оливковое масло, розовую соль, перец, лимонный сок и чеснок до полного смешивания.
4. Переложите смесь в среднюю миску и смешайте со свежим укропом и тертым огурцом.
5. Я люблю охлаждать этот соус по крайней мере 30 минут перед подачей. Хранить в холодильнике в закрытой стеклянной таре до 1 недели.

СОВЕТ ПО ИНГРЕДИЕНТАМ. Измельчите зубчики чеснока как можно тщательней для достижения наилучшего результата. Вместо греческого йогурта можно использовать сметану.

СОУС «АЛЬФРЕДО»

Нет ничего лучше теплой миски феттучини «Альфредо» с таким богатым, маслянистым, сливочным соусом. Зимой я люблю использовать лапшу от Miracle из сорта феттучини и поливать этим соусом. Блюдо подается с курицей-гриль, приготовленной со свежей зеленью. На моей кухне всегда есть нужные ингредиенты, так что приготовить соус – очень просто.

30 МИНУТ
ОДНА КАСТРЮЛЯ
ВЕГЕТАРИАНСКОЕ

ПОРЦИЙ 2
ПОДГОТОВКА 5 минут
ВРЕМЯ ГОТОВКИ 10 минут

4 столовые ложки сливочного масла
60 г сливочного сыра
1 стакан жирных сливок
½ стакана тертого сыра пармезан
1 измельченный зубчик чеснока
1 чайная ложка сухих итальянских специй
Розовая соль
Свежемолотый черный перец

В одной партии:
Калории — 1175
Жиры — 120 г
Углеводы — 8 г
Чистые углеводы — 8 г
Клетчатка — 0 г
Белок — 21 г

В порции:
Калории — 294
Жиры — 30 г
Углеводы — 2 г
Чистые углеводы — 2 г
Клетчатка — 0 г
Белок — 5 г

1. В тяжелой средней кастрюле на среднем огне смешайте сливочное масло, сливочный сыр и жирные сливки. Взбивайте медленно и постоянно, пока масло и сливочный сыр не растают.
2. Добавьте пармезан, чеснок и итальянские специи. Продолжайте взбивать, пока все как следует не перемешается. Доведите огонь до среднего и тушите, периодически помешивая, в течение 5-8 минут, чтобы соус смешался и загустел.
3. Приправьте розовой солью и перцем, перемешайте, чтобы все как следует смешалось.
4. Полейте им вашу любимую кетоориентированную лапшу, приготовленную заранее, и подавайте.
5. Храните этот соус в холодильнике в закрытой стеклянной посуде до 4 дней.

СОВЕТ ПО ИНГРЕДИЕНТАМ. Вы также можете использовать вкусный тертый сыр, который сочетает в себе пармезан, азиаго и романо.

ПРИЛОЖЕНИЯ

ГРЯЗНАЯ ДЮЖИНА И ЧИСТЫЕ ПЯТНАДЦАТЬ

Некоммерческая организация «Рабочая группа по охране окружающей среды» (EWG) изучает данные, предоставленные Министерством сельского хозяйства США (USDA) и Управлением по контролю качества пищевых продуктов и лекарственных средств (FDA) об остаточных пестицидах. Каждый год она собирает список «лучших» и «худших» растительных продуктов, которые есть в продаже, по уровню пестицидной нагрузки. Вы можете использовать эти списки, чтобы решить, какие фрукты и овощи покупать органическими, чтобы свести к минимуму воздействие пестицидов, а какие продукты считаются достаточно безопасными, чтобы покупать обычные. Однако это не означает, что они не содержат пестицидов, поэтому тщательно мойте эти фрукты и овощи.

Эти списки меняются каждый год, поэтому убедитесь, что вы ознакомились с самым последним, прежде чем наполнять свою корзину. Вы найдете самые последние списки, а также руководство по пестицидам в производстве на EWG.org/FoodNews

ПРИЛОЖЕНИЕ А

ГРЯЗНАЯ ДЮЖИНА

Яблоки Сельдерей Вишня Помидоры черри Огурцы Виноград	Нектарины Персики Шпинат Клубника Сладкий болгарский перец Помидоры	В дополнение к Грязной дюжине EWG добавила два вида продуктов, загрязненных высокотоксичными органофосфатами: Капуста кале/листовая капуста Острые перцы

ЧИСТЫЕ ПЯТНАДЦАТЬ

Спаржа Авокадо Капуста Канталупа Цветная капуста	Баклажан Грейпфрут Медовая дыня Киви Манго	Репчатый лук Папайя Ананасы Сладкая кукуруза Сладкий горошек (замороженный)

ПРИЛОЖЕНИЕ Б

ПРЕОБРАЗОВАНИЯ МЕР

ТЕМПЕРАТУРА ДУХОВОГО ШКАФА	
По Фаренгейту	По Цельсию (примерно)
250°F	120°C
300°F	150°C
325°F	165°C
350°F	180°C
375°F	190°C
400°F	200°C
425°F	220°C
450°F	230°C

ЭКВИВАЛЕНТНЫЙ ВЕС	
АМЕРИКАНСКИЙ СТАНДАРТ	МЕТРИЧЕСКАЯ СИСТЕМА (ПРИМЕРНО)
1/2 унции	15 г
1 унция	30 г
2 унции	60 г
4 унции	115 г
8 унций	225 г
12 унций	340 г
16 унций / 1 фунт	455 г

ЭКВИВАЛЕНТНЫЙ ОБЪЕМ (ЖИДКИЕ)		
АМЕРИКАНСКИЙ СТАНДАРТ	АМЕРИКАНСКИЙ СТАНДАРТ (ЖИДКАЯ УНЦИЯ)	МЕТРИЧЕСКАЯ СИСТЕМА (ПРИМЕРНО)
2 столовые ложки	1	30 мл
1/4 стакана	2	60 мл
½ стакана	4	120 мл
1 стакан	8	240 мл
1 1/2 стакана	12	355 мл
2 стакана или 1 пинта	16	475 мл
4 стакана или 1 кварта	32	1 л
1 галлон	128	4 л

ЭКВИВАЛЕНТНЫЙ ОБЪЕМ (СУХОЙ)	
АМЕРИКАНСКИЙ СТАНДАРТ	МЕТРИЧЕСКАЯ СИСТЕМА (ПРИМЕРНО)
1/8 чайной ложки	0.5 мл
1/4 чайной ложки	1 мл
1/2 чайной ложки	2 мл
3/4 чайной ложки	4 мл
1 чайная ложка	5 мл
1 столовая ложка	15 мл
1/4 стакана	59 мл
1/3 стакана	79 мл
1/2 стакана	118 мл
2/3 стакана	156 мл
3/4 стакана	177 мл
1 стакан	235 мл
2 стакана или 1 пинта	475 мл
3 стакана	700 мл
4 стакана или 1 кварта	1 л

ЛИТЕРАТУРНЫЕ ССЫЛКИ

Центры по контролю и профилактике заболеваний, Национальный центр статистики здравоохранения. Dietary Intake for Adults Aged 20 and Over. 2016. www.cdc.gov/nchs/fastats/diet.htm

Уилсон, Джейкоб, и Райан Лаури. *The Ketogenic Bible: The Authoritative Guide to Ketosis.* Victory Belt Publishing, 2017. Эта книга – отличный ресурс для глубокого погружения в науку о кето и кетозе.

ИСТОЧНИКИ

KETOINTHECITY.COM
В моем блоге вы найдете ответы на ЧЗВ о кето, интервью и множество рецептов.

RULED ME (RULED.ME)
Калькулятор макросов, который я использую и на который ссылаюсь в своем блоге.

ПРИЛОЖЕНИЕ CARB MANAGER (CARBMANAGER.COM)
Это мое любимое приложение для отслеживания еды и макросов.
Есть много отличных кетоориентированных брендов, но иногда их трудно найти в обычном продуктовом магазине. Я перечислила некоторые из моих любимых продуктов ниже и предоставила свои коды скидок, чтобы сэкономить вам деньги на покупках.

KNOW FOODS
Скидка 10%
knowfoods.com
Код: KETOINTHECITY

KETO FRIDGE
Скидка 10%
ketofridge.com
Код: KETOINTHECITY

LEGENDARY FOODS
скидка 10%
legendaryfoodsonline.com
Код: KETOINTHECITY

PERFECT KETO
скидка 10%
perfectketo.com
Code: KETOINTHECITY

CHOC ZERO
скидка 10%
choczero.com
Code: KETOINTHECITY

EQUIP FOODS
скидка 10%
equipfoods.com
Code: KETOINTHECITY

KETO KOOKIE
скидка 10%
ketokookie.com
Code: KETOINTHECITY

ЛАПША MIRACLE
скидка 10%
miraclenoodle.com
Code: KETOINTHECITY

КОСТНЫЙ БУЛЬОН ОТ KETTLE & FIRE
скидка 15% о
kettleand re.com
Code: KETOINTHECITY 15

ОГЛАВЛЕНИЕ

Чтобы ознакомиться с общей информацией о других наших продуктах и услугах или для получения технической поддержки, пожалуйста, свяжитесь с нашим отделом обслуживания клиентов в США по телефону (866) 744-2665 или за пределами США по телефону (510) 253-0500.

Rockridge Press публикует свои книги в различных электронных и печатных форматах. Некоторые материалы, которые появляются в печати, могут быть недоступны в электронных книгах, и наоборот.

Фотографии Надин Грифф

ISBN: печать 978-1-939754-44-8

eBook: 978-1-939754-45-5

Издание для досуга
демалысқа арналған баспа
Серия «Здоровье Рунета»

12+

Джен Фиш
ПРОСТЫЕ КЕТОРЕЦЕПТЫ ИЗ ПЯТИ ИНГРЕДИЕНТОВ

Переводчик *А. Фасхутдинова*

Редактор *О. Максимова*
Дизайнер обложки *А. Закопайко*
Технический редактор *Н. Чернышева*
Верстальщик *Л. Быкова*

Подписано в печать 23.10.2020. Формат 70x90/16 Усл. Печ. л. 14,04.
Печать офсетная. Гарнитура NewBaskervilleITC. Бумага офсетная.
Тираж 3000 экз. Заказ № 9655.

Произведено в Российской Федерации
Изготовлено в 2020 г.
Оригинал-макет подготовлен редакцией «Времена», импринт «Альфа»
Изготовитель: ООО «Издательство АСТ»
129085, Российская Федерация, г. Москва, Звездный бульвар, д. 21, стр. 1, комн. 705, пом. I, этаж 7
Наш электронный адрес: WWW.AST.RU

Общероссийский классификатор продукции ОК-034-2014 (КПЕС 2008); 58.11.1 - книги, брошюры

«Баспа Аста» деген ООО
129085, г. Мәскеу, Жулдызды гүлзар, д. 21, 1 құрылым, 705 бөлме, пом. 1, 7-қабат
Біздің электрондық мекенжаймыз : www.ast.ru
E-mail: astpub@aha.ru
Интернет-магазин: www.book24.kz Интернет-дүкен: www.book24.kz
Импортер в Республику Казахстан и Представитель по приему претензий в Республике Казахстан — ТОО РДЦ Алматы, г. Алматы.
Қазақстан Республикасына импорттаушы және Қазақстан Республикасында наразылықтарды қабылдау бойынша өкіл -«РДЦ-Алматы» ЖШС, Алматы қ.,Домбровский көш., 3«а», Б литері офис 1.
Тел.: 8(727) 2 51 59 90,91 , факс: 8 (727) 251 59 92 ішкі 107; E-mail: RDC-Almaty@eksmo.kz , www.book24.kz
Тауар белгісі: «АСТ» Өндірілген жылы: 2020
Өнімнің жарамдылық; мерзімі шектелмеген.
Сертификация **қарастырылаған**

Издадим вашу книгу! Рукопись присылать на litagent@ast.ru

Мы в социальных сетях. Присоединяйтесь!
vk.com/ast_nonfiction instagram.com/ast_nonfiction facebook.com/astnonfiction

Отпечатано в филиале «Тульская типография» ООО «УК» «ИРМА».
300026, Россия, г. Тула, пр. Ленина, 109.